Cenas da vida brasileira

MARQUES REBELO

Cenas da vida brasileira

2ª edição

JOSÉ OLYMPIO
E D I T O R A

© José Maria Dias da Cruz e Maria Cecília Dias da Cruz

Reservam-se os direitos desta edição à
EDITORA JOSÉ OLYMPIO LTDA.
Rua Argentina, 171 – 3º andar – São Cristóvão
20921-380 – Rio de Janeiro, RJ – República Federativa do Brasil
Tel.: (21) 2585-2060
Printed in Brazil / Impresso no Brasil

Atendimento e venda direta ao leitor:
mdireto@record.com.br
Tel.: (21) 2585-2002

ISBN 978-85-03-01036-8

Capa: INTERFACE DESIGNERS / SERGIO LIUZZI
Foto de capa: SR. MELLO EM VIAGEM PELO BRASIL. FOTO GENTILMENTE CEDIDA PELA
FAMÍLIA MELLO

Livro revisado segundo o novo Acordo Ortográfico da Língua Portuguesa.

CIP-BRASIL. CATALOGAÇÃO-NA-FONTE
SINDICATO NACIONAL DOS EDITORES DE LIVROS, RJ

R234c 2.ed.	Rebelo, Marques, 1907-1973 Cenas da vida brasileira / Marques Rebelo. – 2.ed. – Rio de Janeiro: José Olympio, 2010.

ISBN 978-85-03-01036-8

1. Brasil – Usos e costumes. 2. Brasil – Descrições e viagens.
3. Crônica brasileira. I. Título.

CDD: 869.98
10-2618   CDU: 821.134.3(81)-8

SUMÁRIO

SUÍTE Nº 1

Montes Claros	13
Lontras	28
Vila Brasília	29
Januária	29
Buenópolis	40
Garças	41
Ibiá	42
Monte Carmelo	42
Ouvidor	45
Catalão	46
Lagoa da Prata	49
Divinópolis	50
Cataguases	50
Laranjal	61
Soledade	62
Itajubá	62
Pedras Brancas	80

Santo Antônio dos Almeidas	81
Serra do Cipó	81
Sete Lagoas	85
Conceição do Serro	85
Carmo do Rio Verde	93
Santos Dumont	93
Sabará	94
Ribeirão Vermelho	97
Conrado Niemeyer	98
Javari	103
Belo Horizonte	104

SUÍTE Nº 2

Barbacena	123
Resende	155
Miguel Pereira	156
Burnier	157
Tebas de Leopoldina	157
Vitória	158
Entre Rios	162
Pinheiral	162
Antônio Carlos	164
Recreio	164
Ouro Preto	164
Curvelo	170
São Manuel	171
Miraí	172
Cataguases	172
Leopoldina	175

CENAS DA VIDA BRASILEIRA

Valença	177
Providência	177
Porto Novo	178
Teresópolis	178
Monte Belo	180
Correias	180
Itaipava	181
Aparecida	182
Formiga	184
Belo Horizonte	184
Rio	186
Araruama	187
São Paulo	187
Campo Grande	191
Cuiabá	191
Cáceres	192
Forte Príncipe da Beira	193
Guajará-Mirim	193
Porto Velho	194
Rio Branco	194
Manaus	195
Itacoatiara	196
Santarém	196
Belém	196
Salvador	198
Recife	207
Florianópolis	219

SUÍTE Nº 1

*"E disse o Senhor a Satanás:
De onde vens tu? Ele respondeu:
Girei a Terra, e andei-a toda."*

JOB — II, 2.

MONTES CLAROS

I

Montes Claros ficava no alto sertão, distante cinco dias a cavalo da estrada de ferro. Vida tosca, desconfortante, arrastada. Com quase nada se vivia. As fortunas eram duas ou três, fortunas de quarenta a cinquenta contos amassados em trinta anos de comércio ronceiro. Só havia um problema grande: matar o tempo! Damas, gamão, solo, truco... O tempo era enorme! Dormia-se com o Sol ainda no céu.

Os tropeiros regulares e os cometas esporádicos eram os agentes civilizadores. A chegada de um cometa, então, era causa de rebuliço. O que ele trazia para agradar!... A última música do Rio para as moças, a última anedota para os rapazes, a última novidade para os comerciantes, tudo com oito ou dez meses de atraso. Era esperado nas portas da cidade, vinha com o seu séquito sempre em linha: o secretário, o cozinheiro e dez ou doze mulas da mesma cor, com arreios de prata, conduzindo as amostras. Uma das aspirações dos rapazes montes-clarenses era ser um dia secretário de cometa. Secretário de cometa era o cidadão ilustre que acompanhava o grande homem pelas casas para tomar nota dos pedidos: "Escreva aí, rapaz, dez peças de cetineta azul para o senhor Veloso." O senhor Veloso reclama: "Não, não, é muita coisa." O homem destruía todos os empecilhos. "É coisa nenhuma, isto é o que é. Artigo chique novidade, não há moça que não fique louca por uma cetineta azul como esta. Artigo superior! Ponha lá, rapaz, dez peças para o senhor Veloso." A família gostava da força do cometa — dez peças! — e o pai querendo fazer somiticaria. O secretário escrevia: dez peças. "Escreveu, rapaz?" "Escrevi, sim senhor." Ser secretário de cometa!... O cometa ia por todas as casas, era recebido por todos, ria, brilhava, promovia festas, assustados, jantares, piqueniques. O cozinheiro do cometa sabia de pratos finos, pratos do Rio... Cometa passava bem, usava perfumes caros, gravatas vistosas, belos bigodes encerados. Chegada de cometa era período de festas. Havia uns que tinham maior popularidade. Seu Rodrigão (português), por exemplo. Seu Rodrigão era famoso. Que grande ar, que gargalhadas, que palestra florida! E os lenços de seda que usava! E as mágicas que fazia! Estadia dele equivalia a festa dia e noite.

Mas um dia — foi em 1926 — a estrada de ferro chegou a Montes Claros. A cidade acordou, entrou num novo ritmo, cresceu, prosperou, ganhou novos hábitos. Acabaram-se os tropeiros, seu Rodrigão sumiu, os habitantes dormiam quando a Lua estava no céu.

II

— Faz a vontade do teu cravo, bem.

A vontade do meu cravo de quatorze anos é beber cerveja.

— Sinval, uma Teutônia!

No meio do bar faruéstico, de portas cerradas que o frio lá fora anda bravo, a radiola de doze contos, cercada por um grupo de ouvidos apaixonados, conta aviões caídos e propostas alemãs no chão de França e quando as notícias são por demais palpitantes, os homens que se empenham na sinuca param as suas tacadas, comovidos. Acabou-se o jornal sonoro — os ouvintes discutem com arrebatamento enquanto esperam outro jornal sonoro. E a noite corre.

A espevitada Genoveva, que veio de Curvelo, está tocada e para tudo diz Ok! Maura — uma sua criada — tem quinze anos. Laura, quatorze. Rita, dezesseis.

— Quantos, Tuca?

— Adivinhe, bem.

Dolores é de Fortaleza, ali pertinho. Lurdes é de Grão-Mogol, a cidade que morreu. A loura veio de Salinas. A tímida veio de Coração de Jesus. De onde veio Orgina — ó nome simbólico! — ninguém sabe. Mas há mulheres de Juramento, Jequitinhonha, Januária, São Francisco, São Romão, Brejo das Almas, que infelizmente mudou de nome, Bocaiúva, onde os padres brancos não consentem mulheres perdidas, Brasília, Lontras, Teófilo Otoni, Bom Jesus da Lapa, que fica na Bahia. Vem de Pernambuco, Alagoas, Paraíba, gente tangida pela seca. Para a cidade de quinze mil habitantes há — assombro dos assombros! — mil e seiscentas raparigas registradas no centro de saúde, grosso arquivo de desgraças profissionais.

Mercedes só bebe forte e pede uma "nuvem azul", mágica cachacinha fabricada no caminho de Santa Marta. E o *jazz* ataca por trás do tabique das danças as melancolias da balalaica. Os pares se formam — cuidado, rapazes! E o senhor delegado, gordo e pachorrento, abafado no sobretudo, entra para a sua ronda.

Agora foi uma rolha de champanha nacional que estourou na mesa de um boiadeiro, fazendo a vontade de algum cravo do sertão.

III

Em cima do morro havia uma capelinha que lembrava a de Nossa Senhora do Ó, em Sabará. Não era certamente tão bela nem tão velha como a capelinha do Ó, mas tinha uma graça muito viva, muito infantil, com a sua pequenez e a sua torrezinha quadrada de madeira. Vai daí, em um dia infeliz, não sei que santo fez um milagre, não sei para que homem devoto de Montes Claros. E o homem paga a promessa que é levantar uma imagem num alto da cidade. Havia bastantes altos vazios esperando imagens de promessas numa época de tão poucos milagres. Mas o homem era esquisito — escolheu o alto da capelinha. E se podia ter posto a imagem (que é uma miniatura do Cristo Redentor) na frente ou no lado da capelinha, mostrou-se mais esquisito ainda e, com a licença do bispo, que achou a ideia muito bonita, tirou a torre de madeira da capelinha e suspendeu no lugar dela o monumentozinho de cimento armado. Sim, era uma vez a bela capelinha! Mas Deus, que é grande, faz as suas justiças: cedo ou tarde o piedoso doador deixará para sempre a alegre Montes Carlos e o seu lugar no inferno já está garantido.

IV

— Truco a espadilha!

O parceiro titubeia. Doutor Santos tomba para o lado dele com um olhar de pombo feroz:

CENAS DA VIDA BRASILEIRA

— Chama?

O parceiro foge. Doutor Santos racha uma gargalhada enorme de vitória e estende na mesa as cartas de seu blefe:

— É assim que eu jogo contra os burros!

Doutor Santos, que na vida civil é Antônio Teixeira de Carvalho, tem como encerrada a sua vida clínica e política e diz que só se dedica ao truco, que é jogo de tropeiro. Mas como o truco é de noite — no clube novo, de arquitetura moderna e sóbria — durante o dia, ele, como prefeito, vai, para matar o tempo, construindo o estádio municipal, aumentando a receita, fazendo jardins, dando em abundância a água que faltava (e a sobra foi levada em regos aos secos bairros pobres, que já se vestem do verde feliz das plantações), construindo a rede de esgotos, calçando a cidade, padronizando as construções, dando um novo cemitério para os mortos, pondo as coisas velhas abaixo, levantando coisas novas, auxiliando a imprensa e o ensino secundário, multiplicando as escolas rurais, construindo a monumental represa de Santa Marta, que iluminará realmente a cidade e permitirá a existência de um grande parque industrial, abrindo estradas, consertando estradas e mil outras práticas divertidas. (Quanto aos seus vencimentos de prefeito, ele não os recebe, ou melhor, os distribui pelas obras filantrópicas da cidade.)

V

Álvaro Marcílio é paulista. Tocava violino, ganhou medalhas no Rio. Foi com o violino que pôde se formar. Mas para mais o instrumento não dava e quando o bacharel se viu com o canudo do diploma debaixo do braço, meteu-se num trem e foi parar em Montes Claros. Montes Claros pega como visgo. Os anos passaram, Marcílio engordou, o seu riso continuou jovem. Do seu tempo de violino guarda o cabelo a maestro, algumas saudades secretas, uma certa volubilidade que é própria dos verdadeiros artistas e a aristocracia das mãos, que parecem pegar os objetos com o mesmo cuidado com que pegavam o delicado instrumento. A advocacia tem altos e baixos. O Ginásio Norte-Mineiro talvez dê prejuízo, mas os ideais dão sempre prejuízo — é a compra e venda de pedras preciosas que conserta tudo. Eis um montes-clarense. Outro é Joaquim Correia. Nasceu em Portugal, estudou em Coimbra, e não pode haver parceiro mais barulhento que ele no jogo do truco. Também português é o montes-clarense Jaime Rebelo, o maior fazendeiro de trezentas léguas em redor. Há montes-clarenses da Bahia, de Pernambuco, de Goiás, do Rio, de Minas, da Itália, da Alemanha, etc. Mas também há montes-clarenses de Montes Claros. Jair de Oliveira, que fora estudar no Recife, vindo passar umas férias na terra, nunca mais voltou — é o diretor da *Gazeta do Norte* e proprietário do casarão mais simpático da cidade. Levi Lafetá foi se formar em Belo Horizonte, meteu-se na Rockefeller e durante quatro anos foi um judeu errante por este Brasil. Um dia deu em Montes Claros, largou o emprego e como médico do centro de saúde sofre, com um ar meio boêmio de quem acha que tudo está muito bem, a trágica miséria das classes desfavorecidas. Geraldo Ataíde, que se bacharelou no Rio, prefere ser criador de bois mais caros da zona. Esses são três montes-clarenses de Montes Claros. Há outros. O maior de todos — Juca Prates. Juca Prates gerou o jucapratismo. Jucapratismo é isto: como o calçamento atual é precário torna-se preciso andar dum jeito um tanto especial — e

CENAS DA VIDA BRASILEIRA

Juca Prates anda; como a luz é fraca, para se andar nas ruas, nas noites sem luar, necessita-se dum outro sentido que evite os altos e baixos do calçamento, as valas e as valetas, os buracos de pó, os tocos para amarrar cavalos, etc. — e Juca Prates tem este sentido. O jucapratismo comporta ainda todas as virtudes de Juca Prates, sejam: saber o nome e a história de todos os montes-clarenses pelo menos de três gerações; saber as rendas mensais e anuais da estação, da coletoria e do toro; estar a par de todos os fuxicos citadinos; ter participado de todas as encrencas políticas municipais; saber quantos telegramas o telégrafo de Montes Claros passou num dia; quantos selos o correio vendeu, quantas cartas expressas chegaram, quantos quartos vazios há no hotel do seu Romano (que é filho de Sete Lagoas), etc., etc. O jucapratismo gera milagres como os que se seguem. Primeiro: em seis meses que passou em Belo Horizonte jamais deixou de ir à estação duas vezes por dia, quando chega e quando parte o trem de Montes Claros. Segundo: nomeado delegado do recenseamento em Montes Claros, acha que ganha demais; para Montes Claros trabalharia até pagando.

— Quantos bois passaram por Montes Claros neste inverno, Juca Prates?

— Duzentos e cinquenta mil. (Foram cento e vinte mil no máximo.)

— Quantos habitantes tem a cidade, Juca Prates?

A voz grossa responde:

— Trinta mil. (Tem quinze mil no máximo.)

E Juca Prates não mente. Dentro dele Montes Claros tem trinta mil habitantes, dentro dele o pó de Montes Claros não amedronta ninguém, dentro dele ele mesmo se perde na babilônia que é o Hotel São José, de oitenta quartos, dentro dele o cabaré do Sinval ferve todas as noites como um *night-club* da Broadway. Porque dentro dele existe uma Montes Claros que nós não vemos, mas que ele vê e, com a sua grande alma, ama com o mais férvido amor.

VI

Recusou o cigarro — tinha deixado de fumar por prescrição médica. Acendi meu goiano de palhinha:
— Sentiu muito?
— Bem... Os dez primeiros anos são os piores...

VII

Não se aclarou jamais o mistério da morte de Cardoso, e a fazenda fica na estrada de Santa Marta, cortada pelo Ticororó, que é um fio d'água sem pretensões. O homem que lhe devia seis contos veio resgatar a promissória, dizem, como dizem também que o fazendeiro meteu o dinheiro no seguro lugar onde estivera a letra, isto é, num velho cofre de ferro que ficava no quarto de dormir, sob os olhos vigilantes do dono. O dia era um bonito dia e bateram dez horas. O almoço foi gritado que estava na mesa e o homem aceitou o convite para almoçar. Os dois filhos de Cardoso, que já eram homens feitos e ainda moram na fazenda (e ao longe se descortina a áspera serra onde Grão-Mogol está morrendo), os dois filhos de Cardoso estavam nos seus lugares no comprido e lustroso banco de madeira, que ficava encostado à parede caiada onde havia pregos para pendurar os chapéus. A mãe ia servindo a todos —

angu de fubá, galinha, carne-seca, feijão... O homem conversa muito com o velho sobre gado e sobre plantações. "Mulher, põe mais feijão aqui" — e Cardoso estendeu o prato. O homem, por delicadeza, pegou no prato e passou-o à mulher de Cardoso. O prato teve na volta o mesmo trajeto. (Um dos dois filhos ao prestar depoimento alvitrou "que talvez nessa hora o homem, com um vidrinho escondido na palma da mão, tivesse deixado cair um pozinho branco no feijão".) O velho Cardoso entornou a farinha da garrafa e mexeu o feijão; o homem estava sério, por trás ficava uma janela que dava para o terreiro e o sol vinha até à beirada da mesa. "Que é que você botou neste feijão, mulher?" — "Nada, uai!..." E o gosto era tão ruim que o velho levantou-se careteando e foi cuspir fora na janela. As galinhas acudiram e um dos filhos depôs "que viu uma galinha cair morta, fulminada..." O velho não chegou a voltar para a mesa. Começou a se sentir mal, mal, pior, estirou-se no chão gritando de dor no estômago, depois ficou branco, muito branco, e morreu. Houve confusão. O cofre foi encontrado (depois) arrombado. Sumiram-se os seis contos, mais outros contos que — asseguraram — havia lá, pois o velho era cismado com esse negócio de banco. O homem declara em cartório que pagou os seis contos, mas que rasgara logo a letra na presença mesmo de Cardoso. Foi envenenado! Foi envenenado! — gritaram. O homem não sabia, contratou advogado e contava o acidente de maneira mais ou menos diferente da dos filhos, que também contrataram advogado. Só um mês depois veio o perito de Belo Horizonte; exumou o cadáver e levou as vísceras para analisar. Não se descobriu nada e houve quem insinuasse que o perito não fizera o trabalho direito. O mistério perdura, um dia será esquecido. O homem, este, sumiu. Os filhos, como já disse, continuaram na fazenda. Mas dizem que... Bem — cada um está no direito de formular suposições.

VIII

A exclamação é de Newton Prates:

— Eta, velho besta!

O velho besta tem sessenta anos curtidos ao sol de Montes Claros, da qual nunca saiu, pois não se pode considerar como saída uma permanência de três horas na poética Coração de Jesus, que fica a meia hora de jardineira. Com cinco contos no bolso, arrumou um passe na prefeitura e bateu para o Rio de Janeiro. Demorou-se oito dias.

— Que tal? — perguntaram quando voltou.

— Muito decadente!...

IX

Na porta principal do mercado o casal de cegos, sentado na poeira cor de tijolo, canta uma cantiga monótona e chorona, em voz rachada:

> *"Que a minha súplica ardente,*
> *erguida com devoção..."*

O resto da lamúria não se compreende e dos olhos mortos escorre um líquido amarelo-esverdeado, que as moscas procuram impertinentes. Cães magríssimos vão cheirá-los e eles os enxotam sem deixar de cantar:

*"Que a minha súplica ardente,
erguida com devoção..."*

Perto, o vendedor de cuscuz grita a excelência do produto e um velho vende pimenta e uma negra estende no chão suas panelinhas de barro, suas moringas, seus fogareiros, e vasos para plantas, e cofres em forma de bola, e apitos em forma de passarinho, toda uma tosca olaria que tem o seu encanto.

É manhã de sábado, dia de feira, e um sol já demasiadamente rude cai sobre a quadrada praça de árvores raquíticas, com um palmo de pó, onde mais de duzentos animais de carga se comprimem.

Dentro do mercado, sujíssimo, mal se pode andar — o chão de terra batida desaparece sob sacos, jacás, barricas, caixotes, cestas, bruacas. Açúcar, feijão, carne de sol, rapadura — e as moscas fervem! — sandálias, chapéus de couro, esteiras, caroços de mamona, farinha de mandioca, linguiça, cachaça, cachaça, cachaça... O vozerio ensurdece. Burros rincham. Um papagaio berra. Tropeça-se nos balaios, esbarra-se, o chão foge, pisa-se em pés descalços, o calo atordoa. E o cheiro! Cheiro de suor, de couros frescos, de couros mal curtidos, de galinheiro sujo, de dentes podres, de hálitos pestilentos, de hálitos de cachaça, de miséria! E a velha estende a mão. E a voz do negro domina tudo na frente dos seus barris. E a esperteza dos vendedores, que uns olhos simplórios e uns modos simplórios não conseguem disfarçar. Há sons de sanfona num canto, ganidos de cão afugentado, choro de criança perdida. E há impassividade em quase todas as faces. E há chagas, aleijões, desconfiança, regateações, e farrapos cobrindo corpos, e olhos avermelhados de cachaceiros, e facas nas cintas, e perfumes reles nos cabelos das prostitutas.

X

Há razões para que o povo goste muito do sr. Rubem Braga.

— Que tal acha a nossa terra? — perguntaram-lhe.

— Bom lugar para se construir uma cidade.

XI

Do alto do morro da caixa-d'água, vemos a cidade se estender de ponta a ponta.

— Uma légua exata de comprida — me informa doutor Santos apontando com a bengala os pontos extremos.

Juca Prates quer engrandecer mais ainda a extensão:

— Só a parte urbana, não é, Santos?

Doutor Santos não se deixa arrastar pelo jucapratismo:

— Não. Urbana e suburbana.

Juca resmungou qualquer coisa sobre a zona rural e caminhamos mais para cima. Ao pé do cruzeiro, um enorme cruzeiro meio-centenário, bem maltratado pelo tempo e pelo esquecimento, uma mulher está rezando. Junto dela um pobre homem segura nos braços uma criança pequena. Afastamo-nos em silêncio, vamos nos postar adiante. O rio Vieira desenrola suas fracas águas para os lados do campo de aviação. A velha igreja, de um colonial pobre mas gostoso, ostenta, envergonhadíssima, o telhado novo em econômica e anacrônica telha francesa. As ruas não têm árvores, mas em cada quintal levanta-se um mundo de copas de um verde amarelado pela poeira. Dominando as casas e as árvores, eleva-se a matriz em construção, alta de setenta metros, monstruosidade de tijolo com pretensões góticas, que já comeu quinhentos contos de esmolas.

CENAS DA VIDA BRASILEIRA 25

Fico imaginando quantos quinhentos contos ainda precisará antes que fique pronta. Fico pensando que Montes Claros não tem um orfanato, um asilo, uma obra de proteção à infância, que o ginásio municipal, protegido pelo bispado, é um estabelecimento de misérrimos recursos. Fico pensando inutilmente, num frio silêncio, enquanto o céu da tarde vai tomando uma serena tonalidade verde, enquanto uma densa nuvem vermelha de pó quase esconde a cidade — é uma boiada que chega pela estrada de Brasília, berço do doutor Santos.

XII

Dona Nieta vai buscar as *Galerias da Europa*, ficamos na sombria tranquilidade da sala de jantar, folheando os álbuns, nos extasiando com as reproduções em tricomia. No recorte da janela desenha-se a parreira de gordos cachos maduros. Da área interna, toda plantada, vem o canto diverso dos pássaros engaiolados: sabiá, estou-triste, canário-da-terra, patativa, bicudo... As ferozes e inquietas saracuras só cantam para anunciar chuva — me informa dona Nieta — e a perdiz, de piado tão triste, chegou como morta na bolsa do caçador. Ouço a história da perdiz. Dona Nieta conta tudo mansinho como se estivesse rezando. "Um chumbinho na cabeça é que a deixou quase morta. Mário tirou o chumbinho, botou líquido de Dakin..." — E o dia escorre sem que se sinta, e uma luz extraordinária desce do céu imensamente azul. E ouço depois casos da família, do Ciro, do Valdemar, do Antônio Augusto. Quando Ciro nasceu, ela estava casada há um ano. Foi a madrinha, a mãe morreu, ela é que o criou. Antônio Augusto, que é o filho, nasceu depois. E me mostra uma fotografia onde os três estão, num engraçado instantâneo, impingindo vidros velhos ao farmacêutico Fróis Neto, genial inventor do licor de Pequi. Mostra também um caderno onde cola tudo que sai sobre *O Amanuense Belmiro*. Mostra com orgulho calado e intenso, orgulho que a gente lê nos olhos vivos e inteligentes, como se mostrasse as glórias de um filho.

Mário Veloso deixa um pouco a farmácia para entrar numas laranjas. São laranjas ótimas, dum sítio do filho, em Pacuí.

— Aceita?

Se aceito! Dona Nieta estende pratos e facas sobre a mesa. As laranjas vão uma a uma num silêncio respeitoso. E, rompendo o silêncio, entra um netinho do casal, louro como um alemãozinho, exigindo, tatibitate, uma mexerica.

XIII

Ora, deu-se (quem me contou foi Newton Prates) que o Grêmio Dramático Montes-Clarense, formado por rapazes e senhoritas da sociedade, resolveu dar o golpe de morte no Grêmio Dramático Afonso Arinos, formado por outros rapazes e outras senhoritas da sociedade. Anunciou um espetáculo jamais visto na terra: *A menina do chocolate*, em grande montagem. Foi um mês de intrigas e lufa-lufa e, na noite histórica para o teatro amador montes-clarense, o pano subiu para o primeiro ato na sala à cunha. Subiu para o primeiro e para o segundo e a plateia, simpática ao Dramático Montes-Clarense, sentia-se orgulhosa dos seus amadores e mais orgulhosa ainda com o magnífico cenário, que é o mesmo nos dois atos, isto é, o interior duma hospedaria com os competentes escada e balcão. Mas, vinte minutos depois de descido o pano do segundo ato, começaram a correr zunzuns pelo atraso da subida para o terceiro. E lá dentro do palco, era um andar de passos agitados e um bater sem conta de martelos. Passou-se meia hora, o diretor artístico veio dar explicações ao respeitável público. Passou-se uma hora, duas. O cenário tinha sido tão benfeito que era impossível derrubar em menos de quatro horas o que fora feito em duas semanas. A Euterpe Montes-Clarense mostrou-se à altura das circunstâncias repetindo cerca de dez vezes o aplaudido dobrado do maestro Teixeira, *Dorme camélia*, que tem virtudes excitantes. Serviram café na plateia, café e chocolate, chocolate e bolinhos. Era um entrar e sair de bandejas. As senhoras que tinham filhos iam em casa dar de mamar e voltavam. Algumas aproveitavam para dar um cochilo. E o tempo passava. Só havia um remédio — recorrer aos carapinas da cidade. "Seu Tônio Barbosa, seu Corinto, seu Neco!" — e os carapinas da cidade acordaram estremunhados para ajudar os colegas teatrais. Mais uma hora de bater martelo, de arrastar coisas, de passos nervosos. As onze horas descera o pano do segundo ato. As cinco da manhã ele subiu para o terceiro. Ainda havia um quarto ato. Mas a assistência estava fiel. O Grêmio Dramático Montes-Clarense abafou inteiramente o seu perigoso rival.

XIV

A cidade em peso acompanhou o corpo de doutor Santos, pelas ruas de comércio fechado. Não foi por ter sido prefeito que isto aconteceu, para honra de sua vida.

XV

A Lua não está no céu nesta noite de junho. Foguetes sobem e estouram festivos no ar seco. Bênção das estrelas sobre a terra e a gente de Montes Claros! Sobre as fogueiras à porta das casas pobres, sobre o calçamento que vai mudar, sobre o riso das moças e a graça das crianças, sobre o mercado com a sua torre de madeira e seu sino tristinho, sobre os mortos das lutas inglórias que mancharam as pedras das suas ruas nos tormentos de uma mesquinha política de campanário. Bênção das estrelas sobre a poeira terrível de Montes Claros, sobre o algodão, a mamona e os bois que fazem a sua riqueza, sobre a alegria com que recebe os seus hóspedes e a caridade com que socorre os retirantes que a invadem nas grandes secas. Bênção das estrelas sobre a paz que desceu em todas as almas nesta noite tão pura, sobre o amor dos seus filhos presentes, sobre a saudade dos seus filhos distantes — ó bailarinas espanholas de Montes Claros, bailai!

(1939)

LONTRAS

Conversinha:
— Morreu Zé Fagundes.
— Quem matou?

(1939)

VILA BRASÍLIA

Conversinha:
— Que tal a estrada?
— Boa para avião.

(1939)

JANUÁRIA

I

Januária fica encolhida sobre o barranco, triste e árida, como uma moça sem amor. Diante dela o São Francisco tem um quilômetro, pontuado de coroas amarelas, onde de noite se recolhem as aves aquáticas. Mas, quando vem a cheia, o rio se estende, põe seis a sete léguas de margem a margem, proibindo plantações regulares, ameaçando o gado, roendo os barrancos como uma doença de mau caráter, devastando povoações ribeirinhas, e, ao descer das águas, vêm os mosquitos, os anófeles, principalmente, e tudo treme e os cemitérios se enchem.

II

Januária era terrível de politicalha sangrenta. A jagunçada enxameava as suas ruas de areia, matando, depredando, intimidando, aniquilando-a. Cada chefe político tinha o seu bando, facínoras que vinham do sertão baiano, do sertão goiano, do Alto Pirapora, e que matavam por cinco mil-réis. Eram eleitos deputados que nunca viram Januária, eram eleitos prefeitos que não sabiam escrever o nome, toda a receita do município era gasta nas lutas políticas, as cruzes de madeira, tão simbólicas, multiplicavam-se nas encruzilhadas e veredas de emboscada.

Quando foi do golpe político de 1937, o senhor juiz de direito, um homem rígido, que lutara bravamente para manter uma autoridade que lhe era quase desrespeitada, mandou chamar ao Foro os chefes políticos locais, que eram uns trinta. Em poucas palavras expôs-lhes a nova situação do Brasil. O regime agora não comportaria lutas partidárias.

— Que é que o senhor é? — perguntou a um chefete.

— Sou médico.

— Pois então agora o senhor vai tratar dos seus doentes. E o senhor? — perguntou a outro.

— Fazendeiro.

— Pois deixará logo a cidade para ir cuidar da fazenda.

E o farmacêutico foi cuidar da sua farmácia, o negociante do seu negócio, o boiadeiro do seu gado, cada um foi tratar da sua vida, e os que nada faziam senão política, e eram muitos, tiveram que arranjar uma obra. E os jagunços foram desarmados e dispersados. Muitos caíram no eixo, pacíficos, frutos valentões apenas duma época de costas largas e de dinheiro fácil nos cofres da prefeitura.

E Januária conheceu então a doçura dos dias tranquilos. E as noites mais negras já não amedrontam ninguém. Um ritmo novo acelerou a sua vida. O comércio prosperou, a lavoura prosperou, abriram-se pequenas fábricas (os chinelos de Januária têm fama! a pinguinha de Januária é um assombro!), as ruas começaram a ser calçadas, um pequeno jardim, com um carados tempos por decoro pessoal, no que foi perfeitamente compreendido pelos fiéis.

IV

Cinco meses sem chuva, o rio vai muito seco, e há oito dias nem sombra de navio. As mercadorias ameaçam estragar nos armazéns. Os passageiros em trânsito mofam nos hotéis. Os caixeiros-viajantes divertem-se pelos bordéis cafusos. O sol despenca como um castigo. E mais um dia, outro dia, mais outro dia... Doze dias já fazem, e navio não chega. Edson Magalhães está danado por causa duns remédios urgentes que pediu para a farmácia: "Isto é Januária, meu amigo!" Itabaiana também se queixa de que tem dois mil couros no depósito. E navio não passa. E não acontece nada no dia imenso. E a solidão pesa como um chumbo.

V

Pacamão, corvina, surubi, curimatá, o dourado, a traíra, que tem muita espinha, o pacu, o piau — os peixes das tuas águas, São Francisco, são um consolo para os viajantes. Peixe com farinha, peixe com arroz, peixe com limão, sopa de peixe, bolo de peixe... E muita pimenta, porque estamos perto da Bahia. E talagadas da famosa januária, cachaça que não tem outra por estes grandes brasis.

Depois das refeições vem uma preguiça doida, uma vontade de ficar esticado na cadeira de descanso, sem um movimento, sem um pensamento como num sanatório.

VI

— Aquela ali — apontou o cicerone improvisado — é a casa onde nasceu Carlos Chiacchio.

Parei:

— E vocês conhecem o que Chiacchio tem feito?

— Assim por alto. Poeta, não é?

Sorri:

— Ninguém é santo na sua terra...

E ante o silêncio respeitoso do cicerone fiquei imaginando a infância de Chiacchio que, um dia, partiu para sempre, tal como as águas do São Francisco, à procura do mar.

VII

A Lua é pequena e sem brilho no alto do céu. De luzes apagadas, a cidade dorme o seu sono. De vez em quando vêm das coroas ou da margem oposta os gritos sobressaltados das aves que acordam, o latido de algum cão. E a serenata continua, exótica serenata — bombardino, trombone de vara, violão e clarineta. O clarinetista é um vendedor de fumo de rolo de Ubá, rapaz gordo, amável e divertido, que traz na recheada carteira os retratos dos filhinhos, muitos, e que os mostra a todos com saudade, orgulho e amor. A clarineta está com a palheta em estado precário e no meio da mais triste das valsas saem, imprevistos, sons agudíssimos e desafinados, como uma vaia. Mas isto não tem importância. O que tem importância é que se vá pelas ruas de breu, parando à porta das casas dos amigos e os acorde ou embale os seus sonhos com as melodias de valsas de outro tempo, até que venha a aurora e jogue sobre a cidade e sobre o rio seu primeiro raio pundonoroso.

A noite é tépida, mas Bileza vai encolhido no sobretudo, cigarro pendurado num canto da boca, elogiando as melodias, cantarolando, assobiando, contente com os seus músicos.

VIII

Sento-me na grama. Palmeiras estáticas. Voos pesados de mergulhões paralelos à água. Tons roxos, distantes, na serra do Chapéu. Urubus se misturam nas praias com as lavadeiras e com os burrinhos d'água, pequenos, gentis, orelhas muito grandes, que servem a cidade do líquido. Passa Rui Canedo, magro como ave pernalta, dirigindo-se para a casa, sobraçando a pasta da sua advocacia. O Sol desce cada vez mais. Há cores verdes no poente. Ecos repetem os gritos dos aguadeiros na outra margem. Sinto-me tranquilo como se me despedisse da vida com grande saldo de felicidade. Pressinto um outro mundo de estranha paz esperando por mim. Mosquitos zumbem. E a cada momento estou para ver surgir da placidez do rio, onde as canoas presas flutuam, a virgem das águas para me levar.

IX

O lampião de querosene belga reforça a luz elétrica cuja fraqueza tem a sua história. E a história é simples: nos tempos da velha república lembrou-se de se dotar a cidade de energia elétrica. Fez-se o negócio. O negócio foi de molde que a cidade pagasse quatrocentos contos por uma usina que não valia cem. Como a cidade não tinha quatrocentos contos está pagando e ainda pagará juros muitos anos. E a represa foi feita num riacho tão sem importância que nos seis meses de seca não tem água suficiente para dar à cidade senão uma humílima luz, e somente das sete às onze da noite. No entanto pela quantia que a cidade pagou por essa negociata — ó coronéis! — poderia ter ido buscar na cachoeira dos Pandeiros, que fica bem perto, uma força capaz de resolver para os cinquenta anos mais próximos o problema da energia da cidade, que atualmente não pode abrir nenhuma espécie de fábrica movida a eletricidade porque a usina não comporta. É certo que o prefeito, dr. Roberto Monteiro da Fonseca, compreende muito bem que impulso teria Januária se tivesse verdadeiramente uma usina elétrica. E está quebrando lanças; como é moço e corajoso, acabará vencendo. E Januária terá indústria movida a eletricidade, terá iluminação nas ruas independentemente do luar, e o Bileza não precisará reforçar a luz da sala de jantar com um lampião de querosene belga.

Mas até agora é o lampião que funciona. E à luz do lampião, estamos eu, o jovem promotor Ciro Franco, Bileza e três hóspedes, procurando matar a noite no jogo das cartas. Dois deles formam com o proprietário do hotel uma mesa de cucan. O outro, que é um sujeito alto e triste, de fisionomia tosca, quadrada como a de certas imagens de madeira talhada por canivetes ingênuos, veio à cidade para enterrar um filho. Trouxe-o, por uma noite sem Lua, dez léguas de canoa rio abaixo, para salvá-lo. Mas dr. Roberto nada pôde fazer. A medicina comporta dedicações, mas não comporta milagres. A terçã maligna pegara-o mesmo. Tinha três anos. Era o quarto que ele perdia, depois que comprara a fazendola num alto do São Francisco. Há quatro anos que ele era dono da fazendola, há quatro anos que lutava contra as águas do rio na defesa do seu gado e da sua pequena lavoura, há quatro anos que a morte o visitava para levar os seus filhos.

Agora não lhe restava mais nenhum. A fisionomia era imensamente sofrida, mas havia na voz, nas palavras, qualquer coisa que a gente não sabia se era resignação ou calada combatividade. Fotografara o defuntozinho, a pedido da mulher. O sino da matriz badalou duas horas seguidas pela alminha que deixara o mundo. Depois ele se meteu com a mulher no hotel do Bileza na espera do navio que o levasse para cima. Mas os navios não passavam. E ele maromba o dia todo da sala para o quarto, do quarto para a varanda, como uma pobre alma penada. A mulher pequenina, gasta, que devia ter sido bem bonita, acompanha-o com a humildade de um cachorro. Ele pousa a grande mão áspera, calosa, sobre o ombro da mulher, puxa-a contra o peito (ela dá-lhe pelo pescoço) e ficam olhando o rio, mudos, sem movimento, como um grupo estatuário de infinita tristeza. Convidamo-lo para jogar.

— Venha. Distraia um pouco.

Aceitou. Sentou-se à mesa, e a mulher sentou-se ao lado tomando conta dos seus ganhos. E ele ganhava muito. Éramos, eu e Ciro, amplamente batidos. Não esquecia uma vaza. Guardava todas as cartas que saíam. Fazia escopas a três por dois, e quando ao fim de cada partida somava os pontos vitoriosos, esboçava um sorriso:

— Os senhores, dois doutores, apanhando de um matuto...

E era feliz, um pouco feliz.

X

Clímaco tem dezoito anos, mas quem o vê não lhe dá mais de dez. Esteve no grupo escolar, foi uma grande figura no grupo escolar. Sua especialidade era recitar e cantar. Hoje, ajuda o

CENAS DA VIDA BRASILEIRA

povo em casa e vende saracuras apanhadas no laço. Cantou para mim a moda de um caboclo que não gostava de trabalhar. Não comprei as saracuras.

XI

Depois do jantar com pinguinha e luz de querosene, acende-se a fogueira no terreiro da fazenda. Vêm mugidos dos currais cheios. As fagulhas sobem, um calor bom se derrama em volta como uma bênção, refulgem estrelas no céu profundo, os cabras riem e se achegam uns aos outros como um bando de crianças tímidas, de periquitos na chuva.

Alexandre é o despachado. Negro retinto, mãos ásperas como lixa, Alexandre nasceu em Bom Jesus da Lapa, cidade baiana do São Francisco e para cujas romarias vem gente até da Europa, dizem. Mas Alexandre não se aguentou na cidade natal. Terra da gente é muito bom, porém... Arrumou a trouxa, saiu rodando por esse mundo. Deu com a cabeça por muitos lugares, acabou no Rio. Rio é terra para passear, para gastar. Recorda-se do Mangue com ternura — mulher em penca! Mas também lá não ficou. Trabalhava na nova rede de água da cidade, ganhava bem, mas o acampamento situava-se distante, perto do Ribeirão das Lajes, e quase todo o dinheiro ficava pendurado no armazém da companhia. Fez as contas, meteu um saldo de cento e tantos mil-réis no bolso, tocou para a cidade, comprou um palheta novo, gastou cinquenta mil-réis de cerveja numa noite. Arrumou um passe no Ministério do Trabalho e voltou para Bom Jesus. Não se aprumou lá um mês. O galho estava difícil, a seca lavrava no sertão baiano, levas de retirantes desciam o rio. Meteu-se no meio deles, pousou em

Carinhanha, (morreu João Duque), pousou em Manga (seu Cordeiro tirou mil contos no sorteio das apólices), acabou em Januária. Arranjou trabalho na prefeitura para abrir estradas. E está abrindo estradas. Mas em Januária já sabe que não fica. Tem bicho-carpinteiro, alma de judeu-errante (e os cabras riem), ainda quer conhecer São Paulo, Paraná, Rio Grande, ver neve cair nas ruas de Caxias. Dizem que lá...

— Você precisa é casar para ficar quieto, Alexandre...

Alexandre solta uma gargalhada:

— Quando o homem nasceu para correr mundo não deixa semente.

XII

O homem é irremediável e no fundo é bom que o seja. Sob as aparências cordatas, dorme a politicagem eterna. Em telegrama ao governador, o prefeito pedia a sua demissão irrevogável. O governador deu. O telegrama era apócrifo. Mas provar dava tal trabalho, que doutor Roberto voltou à clínica. Muito inimigo oculto vai receber benefícios da sua terapêutica... E adeus cachoeira dos Pandeiros!

XIII

A noite é varada por um apito, depois por um outro mais prolongado — é um navio que chega, afinal.

— Será o meu? — pergunto.

Ciro Franco tem a sua experiência após um ano de promotoria:

— Não. Este está descendo.

— Então vamos esperá-lo.

Novamente Ciro Franco mostra que aprendeu alguma coisa:

— Tem tempo. Antes de duas horas não chega. Que horas são?

— Sete e meia.

— Então entre nove e meia e dez horas é que ele estará abicando no porto. Está saindo de Maria da Cruz, agora.

— Mas daqui até lá não são só oito quilômetros? Como pode levar esse tempo todo?!

— Bem, talvez seja menos que oito quilômetros. Na época das cheias é bem uma reta por cima de todas as coroas, de pontal. Mas agora ele vem em ziguezague por aí, pelos canais.

Mas a verdade da demora tão grande é realmente outra. Navio que chega de noite só pode sair até as dez horas. Depois disso a capitania não dá licença senão para o outro dia de amanhã. E é o que os marinheiros querem. E toca a fazer cera pelos canais, e toca a encalhar o navio nos bancos de areia se for preciso. O que não é justo é que eles saiam do porto antes das dez horas. A vida é pequena, precisa ser gozada. Os cabarés enfeitados de papel fino os esperam. Cerveja, cachaça, sanduíches de salame, viola, sanfona, arrasta-pés — e a noite toda para sucumbir nos braços das cabrochas.

XIV

Lilá, Eurídice, Iolanda, Berenice e Diva, Mercês, Zizinha, Lindaura, para vós, moças de Januária, a minha saudade!

Saudade do churrasco na casa de Zizinha, numa véspera de São João sem foguetes no céu, mas com um chorinho de manchão de buganvílias, recebe agora os viajantes e as meninas de tarde para a alegria dos namoricos.

III

Com a pequena renda do município não se pode fazer milagres e a cidade não tem asilo de órfãos nem de mendigos, não tem obras de proteção à maternidade e à infância nem abrigos para a velhice, nem casa de cegos, nem refúgio para os tuberculosos, não tem ao menos um posto médico para servir aos pobres, porque um que havia a Saúde Pública achou de transferi-lo para Pirapora, que fica a três dias de vapor, quando há vapores. Se dá a seca e levas de retirantes invadem as ruas, a morte sente-se feliz, pois é com dificuldade que a cidade pobre socorre os infelizes que vão a ela.

O senhor bispo coadjutor de Montes Claros teve hoje um gesto que calou fundo nos corações januarenses. Aproveitando o inverno, quando o perigo do impaludismo é infinitamente menor, sua reverendíssima veio fazer a anual arrecadação. Segundo os relatórios — como a crise anda forte — apurou apenas pouco mais de dez contos em crismas, mas em todo o município sempre conseguiu uns trinta, o que não é desprezível dados os tempos heréticos que correm e tanto mais porque o município não consegue ainda na sua receita orçamentária mais que duzentos e vinte contos.

Mas ao beber pela quarta vez as profanas obras do hospital, que há quatro anos vêm se arrastando e que talvez daqui a quatorze ainda não estejam terminadas para atender aos indigentes, o senhor bispo coadjutor lançou na sacola, que correu pelos presentes, uma bonita nota de dez mil-réis. Mas queixou-se baianos de Carinhanha e vozes de gente alegre cantando modinhas tristes:

> *"Amemos que a vida passa,*
> *A vida é sombra e fumaça,*
> *Amemos que a vida passa."*

E a cachacinha rolando — cachacinha com limão, cachacinha com gengibre, cachacinha com erva-doce, cachacinha com pau-de-cheiro, cachacinha com groselha, e as moças todas cantando, fazendo roda, sambando, "amemos que a vida passa!"

Saudade do vôlei feminino, Escola Normal *versus* Clube dos Quarenta, e as meninas pulando atrás da bola e o povo gritando, e as moças suando, caindo, se arranhando, e a Escola Normal ganhando numa virada empolgante que endoideceu dr. Vale, que é presidente do Clube!

Saudade de Lindaura, principalmente. Das gargalhadas de Lindaura, da voz rouca de Lindaura, do bom humor espantoso de Lindaura, que critica tudo, ironiza tudo, que traz o povo de Januária em polvorosa!

(1939)

BUENÓPOLIS

I

Conversinha:

— Carlos Picchio vale quanto pesa em lixo.

II

E não se come melhor em Minas do que nestes vinte minutos de parada na pensão do alemão velho, que está fumando charuto na porta. Tudo tão limpo, cortinados brancos, nunca vistos em Minas Gerais, põem na sala, onde caixeiros-viajantes apressados metem no bolso pedaços do pão divino para comer depois no trem, numa nota de noivado, um aceno de limpeza, quando o ventinho dá e balança-os. Na parede o cartazinho rococó: *Gott Dein Fried und Dein Leben sei mit uns auf allen Wegen*. Na rua larga, gramada, há árvores derramando uma sombra de amor e de descanso. Os trens deveriam parar duas horas pelo menos em Buenópolis. Param só vinte minutos, vinte minutos que ficam dentro da gente para o resto da vida como uma saudade. Mesmo que um boi preto e brabo, como me aconteceu, solte-se e ande ameaçadoramente praticando desatinos na rua de tanta sombra e tanto amor.

(1939)

GARÇAS

Os olhos correm o horizonte próximo, se afundam cem, duzentos, trezentos quilômetros em volta. É a mesma terrível desolação — nem uma árvore! Caíram todas sob o machado, sob as fogueiras. E não se replantou uma sequer!

(1940)

IBIÁ

Ibiá fica longe da estação. Entre a estação e a cidade há um pequeno vale. E a cidade é graciosa plantada no alto, no meio da abundante verdura de seus quintais. Telhados novos, muitos. A morena do bar é um prodígio! Mas a água do bar é perigosa. A água do bar e a da cidade em geral, dizem. Há razões determinadas por certo delegado de Belo Horizonte que, duma feita, enviou para Ibiá um lote de mais de cem moços bonitos que andavam soltos pela praça da Liberdade. Não sei se ficaram ou se voltaram. A história não conta. Mas a água de Ibiá ficou com má fama.

(1940)

MONTE CARMELO

I

Depois de setecentos quilômetros numa região sáfara, despovoada, com poucas, insignificantes cidades, chega-se a Monte Carmelo, cuja parte nova, que caminhou em direção à estação, lembra, pela retidão e largura das ruas, pelo tipo das construções e pela chatura do terreno, uma dessas cidades americanas do *far west* que nós vemos comumente no cinema. À primeira vista, altiva, vermelha, significativa — uma bomba de gasolina.

O prefeito, que esperava o trem especial, fez questão que fôssemos ver o jardim que ele remodelou e que fica na parte

CENAS DA VIDA BRASILEIRA

velha da cidade, defronte da matriz. Eu não sei quanto custou a remodelação, acredito na sua utilidade, mas penso comigo que Monte Carmelo é servida por água de poço.

(Para quem corre todo o estado é fácil tirar a respeito dos senhores prefeitos, duas formosas conclusões: primeira — não dispensam em absoluto um jardim, que chamam de jardim moderno, isto é, um jardim com chatos canteiros, grama francesa e o fatal repuxo, bancos de marmorite e caminhos de cimento, quando não do mesmo ladrilho com que são feitos no Rio os banheiros de empregada e as cozinhas das casas de subúrbio. Segunda — são inimigos irrevogáveis de toda espécie de árvore. As cidades são peladas. Certo prefeito de uma ínfima cidadezinha bateu o recorde da estupidez quando para receber o senhor Daniel de Carvalho [contam-me], que então era secretário de estado, mandou botar abaixo todas as árvores para que o doutor Daniel pudesse ver a cidade.)

Era uma manhã luminosa e fresca. As ruas de pó vermelho ainda estavam úmidas do orvalho noturno. Deixamos Monte Carmelo em direção a Goiás. Aí a terra vai melhorando até ir encontrar as margens do Paranaíba. O trem vai devagar pois a estrada ainda não foi dada ao tráfego, precisa ser ainda consolidada. Houve um pequeno descarrilamento da máquina, mas felizmente havia na comitiva sete engenheiros da Rede Mineira de Viação, que acudiram todos sete de chapéu na mão. E uma pequena coral, fugindo ao longo da linha, é bela ao sol como uma pulseira de mulher.

II

Atravessamos o Paranaíba numa ponte improvisada sobre cabos, balançante como uma gangorra, bastante arriscada para os vagossimpáticos e tanto mais que na comitiva havia, o que é comuníssimo em organizações desse gênero, um desses indivíduos que dizem: "Aqui neste lugar, no ano passado, o engenheiro tal caiu no rio. Ali adiante, naquela pedra, não sei quem escorregou e..." E como o rio é fundo e impetuoso, um verdadeiro turbilhão em certas gargantas de pedra, alguns companheiros lutaram muito para atravessar a ponte.

Ao lado dela elevava-se, grandioso, o esqueleto da futura ponte de cimento armado, que levará os trilhos da Rede Mineira de Viação até o interior de Goiás. Só desta maneira, isto é, tentando fazer sair por Minas a grande produção de Goiás, pondo-a em Angra dos Reis, poderá a Rede Mineira de Viação cobrir o déficit que tem, atravessando setecentos quilômetros sem população e sem produção. Aliás, o traçado desta estrada é coisa antiga, um plano do velho Schnoor que o mato cobriu durante vinte anos, ou mais. Fora um pequeno trecho em que foi aconselhável traçar uma variante, o que o velho Schnoor fez está muito benfeito e após uma raspagem no terreno apareceu o leito da sua estrada, sobre cuja construção quantos casos fantásticos me contava o falecido Luís Schnoor, nas boas cavaqueiras da também falecida Livraria Católica, que tinha como gerente o ilustre brasileiro Augusto Frederico Schmidt. Agora é só meter trilhos e os trens que saírem da beira do mar, em Angra dos Reis, após romperem o estado de Minas e atravessarem o Paranaíba, vão ter pontas de trilhos em Ouvidor, em pleno planalto goiano, ou talvez mais longe, em Catalão.

(1940)

OUVIDOR

Um vento forte sopra continuamente, varrendo o chapadão que os olhos acompanharam até o infinito. Há um formigamento no nariz. O peito está mais leve, os pulmões parecem que respiram melhor.

— Clima superior — me informa um habitante do lugar com evidente orgulho. — Para tuberculoso... — E prega os olhos em mim, e cita o exemplo de um certo sujeito do Rio que estava pondo os pulmões aos pedaços e que ficou radicalmente curado. — O senhor é do Rio; não é?

Respondo sucumbido:

— Sou.

O homem ri para dentro. A comitiva passeia pela estação, espreitando o horizonte longínquo, tira retratos, faz perguntas aos moradores, elogia o lugar. No céu de um anil imaculado, de uma claridade que dói nos olhos, voam gaviões.

Dizem que em Ouvidor, pois estamos em Ouvidor, havia uma prática que os padres tanto deram em cima que afinal acabaram — a de casamento por contrato. Havia cavalheiros que rescindiam muitos contratos. Cada rescisão correspondia a uma contratada de melhor qualidade, é lógico. Ora, tratava-se duma pouca vergonha que precisava ser extinguida. Estaremos por acaso na América? — investiam, moralíssimos, alguns conservadores. A vergonha foi extinta — não estamos na América! Mas ainda há alguns felizes remanescentes dessa época privilegiada. Me apontaram um deles, sujeito gordo, nutrido, exuberante, boas cores, sorriso franco, a figura, fisicamente, mais atraente do lugar. O seu último contrato, feito há cinco anos, quando foi extinto o privilégio após terrível campanha

46 MARQUES REBELO

saneadora, vem sendo renovado tacitamente na esperança de melhores dias. Todos nós temos a nossa curiosidade. Meti meus olhos na casa do homem — era uma mulher forte, agradável, muito risonha. Talvez não fosse bonita.

(1940)

CATALÃO

I

O trenzinho especial da Estrada de Ferro Goiás, que nos leva a Catalão, põe brasas em todas as roupas. A viagem de uma hora é feita sob o cheiro palpitante de fazendas queimadas. Dermeval Pimenta, diretor da rede, expõe planos ao diretor da Goiás. Pedro Magalhães, Alberto Bhering, Lustosa, Sanches, engenheiros da rede, trocam termos técnicos com os engenheiros da Goiás. Os repórteres anexos introduzem apartes bestiológicos no duelo tecnológico. De repente o trenzinho solta um apito importante — estamos em Catalão, meus amigos! (Era uma vez a minha suéter verde, que fazia tanto furor...)

II

O prefeito, que é gaúcho, tem fama como homem duro. Catalão também era terra dura. Se, em cada lugar de certa rua que me mostraram, fosse plantada uma cruz pela alma de cada homem caído morto em lutas políticas municipais, não passaria nela nem uma bicicleta. Esta história de assaltar cadeias e tirar os presos era proeza de todos os dias. O júri era uma farsa.

CENAS DA VIDA BRASILEIRA

As autoridades, desrespeitáveis. Podia se matar à vontade. Quando os coronéis não conseguiam dar coito, havia o mato que era o mais benevolente dos coronéis. O fugitivo se afundava no mato, onde não há estradas, veredas apenas, ficava por lá seguro. Se a batida atrás era muito forte, ele atravessava o rio Verde, caía em Minas e nunca mais se sabia dele. O gaúcho tinha trabalho. Viera com a revolução, lutava dia e noite. Uma nova mentalidade tirou de Catalão esses tristes costumes, deu oportunidade ao prefeito de guardar tempo e energia para obras mais dignas. A cidade prospera. Já tem um campo de esporte, ruas calçadas, esboço de jardins novos, construções novas, um ar de limpeza. Vive tranquila agora. O sírio construiu um grande palacete de cimento armado. Em cima mora a família, embaixo fica a loja. Quando nós passamos a moça chegou na sacada, depois riu e fugiu.

III

Sentamo-nos no jardim, sob os olhos bisbilhoteiros de moças das casas fronteiras. Passam sujeitos de botas, nos olham desconfiados. Passam meninos para a escola. O coreto é monumento notável de uma administração passada tão notável, que há placa comemorativa da sua construção, com fartos adjetivos à progressista e honrada gestão. Desgraçadamente a progressista obra está um pouco abandonada: lâmpadas quebradas, degraus carcomidos, balaústres soltos, pintura estalando. Passa o pequeno vendedor de amendoim, amendoins cobertos de açúcar, em cartuchos de papel vermelho, deliciosos amendoins.

IV

O amor, triste amor, chegou à luz do Sol, sem meneios, descabelado, andrajoso. Chegou-se de banda como um caranguejo do lodo, exatamente como um caranguejo do lodo. Não tinha dentes, os seios bambos escorriam até a barriga opilada, crostas de sujo no pescoço, crostas de sujo nos pés descalços, uma flor de celuloide nos cabelos.

— Eu moro ali atrás do morro — convidou.

— Minha filha, a minha demora é pouca.

E o amor foi convidar outro forasteiro apressado, com a mesma fria expressão de idiota, Deus o tenha depois da morte em seu redil.

V

"Em 1852 Bernardo foi feito juiz municipal de Catalão. Logo deu de brigar com o presidente da província e o juiz de direito da comarca. Fez o diabo. Como juiz interino pronunciou o efetivo por crime de sedição e tirada de presos do poder da justiça, provocou a remoção destes e a exoneração do presidente, foi também processado e sofreu uma demissão a bem do serviço público." E estamos defronte da casa onde morreu Bernardo Guimarães. É um velho casarão colonial, hoje propriedade de um farmacêutico, pessoa delicada e comunicativa, que nos procura informar sobre a vida do escritor mineiro. Mas Couto de Magalhães, ao passar por Catalão para assumir a presidência de Goiás, foi encontrar o poeta sem móveis, sem nada, numa "casa incrível". A casa é aquela. Mas isto o farmacêutico não diz.

VI

Agora estamos voltando. O automóvel rasga a noite do chapadão e o azul do céu é macio como um veludo, recamado de estrelas. O vento não para, varrendo o chapadão. O nariz formiga. O rádio traz um tango argentino da Rádio Belgrano. Há um silêncio entre nós, não sei se de cansaço dos atropelos do dia, não sei se... Murilo Rubião encosta contra o vidro o perfil atormentado pelo Grão-Mogol, o personagem terrível que afinal não se sabe se tinha noventa anos e quarenta mulheres ou se tinha quarenta anos e noventa mulheres. "Mujer, mi corazón te llama", soluça o cantor, gemem os bandoneons milongueiros, e eu não me sinto com coragem de afastar do *dial* todo aquele reles sentimentalismo portenho. Vem uma onda de poesia me encher o peito. Encosto mais a cabeça contra a almofada — ventos do chapadão levai os meus desejos! estrelas do chapadão brilhai nos meus amores!

(1940)

LAGOA DA PRATA

Na Lagoa da Prata caçam sucuris de oito metros, me disseram. Doutor Behring, de cigarro pingado no canto da boca, sorri matreiro: jamais! É caçador emérito, sabe muito a respeito de sucuris, muito mais ainda da Lagoa da Prata: se encontrarem uma jararaca, ainda estão com sorte! Doutor Caio de Sena fotografa-a seguidamente. No meio da água sobem coqueiros gentis, uns isolados, outros em grupo. Estão morrendo, dizem — já foram muito mais. Mas não crescerão outros? Há absoluta descrença. E a lagoa se estende serena, fria, tristíssima. O sol da tarde põe tons sombrios na água tranquila. Os coqueiros esperam a morte. Uma garça, talvez a última garça, enterra na lama da beira as pernas finíssimas. A alma da gente cai numa melancolia estranha. Ninguém fala. O trem continua.

(1940)

DIVINÓPOLIS

Positivamente Divinópolis nada tem de divino — a mesma matriz em "estilo novo" de todas as cidades mineiras, as mesmas ruas sem árvores, a mesma desolação da sua pracinha em canteiros chatos, ásperos, modernos. Mas é uma cidade que tem crescido depois que lá se instalaram as grandes oficinas da Rede Mineira de Viação. Um dia, talvez, crescerão árvores nas ruas e nos jardins. Por enquanto o que a faz digna de menção é um verso de Mário de Andrade no "Noturno de Belo Horizonte": "Divinópolis possui o melhor chuveiro do mundo".

(1940)

CATAGUASES

I

Quando *Verde* não saiu mais, quando os meninos se espalharam — Guilhermino César e Francisco Inácio Peixoto foram para Belo Horizonte estudar Direito, Ascânio Lopes foi para um sanatório e daí para o céu, Rosário Fusco foi ser católico no Rio, uns para ali, outros para acolá e alguns para tão longe que nunca mais ninguém ouviu falar deles — quando tudo isto se deu, o correio de Cataguases teve o seu movimento diminuído de cinquenta por cento e não duvido que em virtude de tal baixa o diretor regional tenha mandado fazer sindicâncias e inquéritos.

Da esfolada carteira do grupo escolar, o menino Rosário, que já fazia os seus poemas sucessivamente parecidos com os de Mário de Andrade, Ronald de Carvalho, Omar Khayyam, etc., escrevia a Paulo Prado em termos tão livres e íntimos que deixava o circunspecto escritor um tanto alarmado, chegando mesmo um dia a reclamar ao Antônio de Alcântara Machado um certo "mande colaboração, seu burro", que ele achava um tanto desrespeitoso. Escrevia ao Mário que foi o mestre da turminha, escrevia ao Oswald de Andrade que gostaria de ser o mestre, e a Antônio Alcântara, Sérgio Milliet, Prudente de Morais Neto, Couto de Barros, Menotti del Picchia, Guilherme de Almeida, Cassiano Ricardo, Manuel Bandeira, ligava-se ao Norte e ao Sul, ao Pará, Ceará, Bahia. Comunicava-se com a França — Blaise Cendrars, Paul Morand, Max Jacob, Paul Eluard — com a Argentina, onde tinha uma namorada de nome Maria Clemência que lhe mandava linóleos e desenhos, com o Uruguai, o Peru, o Chile.

Chico Peixoto, proprietário duma Buick verde, tinha amores epistolares com poetisas da Bolívia. La Paz! La Paz! e os sinos de Cataguases feriam o coração do poetinha, e as chuvas de Cataguases enchiam o poetinha, preso em casa, de fartas melancolias, que Rosário costumava ilustrar depois de postas em versos.

E chegavam cartas, jornais, revistas, relatórios, manifestos, livros, desenhos, listas, originais, artigos, ensaios, muita poesia, do Equador, do Paraguai, de Portugal, Espanha, Cuba, Venezuela, Costa Rica.

Os colecionadores de selos farejavam a agência, procuravam subornar os carteiros. Mas era impossível. O grupo de *Verde* não esperava carteiro em casa. Presenciava a abertura das malas. Pegava no enorme maço e ia para o café repartir os troféus. Guilhermino era elogiadíssimo na Colômbia. A poetisa boliviana mandava cartas em branco com a marca dos seus lábios em *rouge,* e Peixotinho chorava comovido! Antoniquinho Mendes estava com um prestígio enorme no Peru. Rosário lia alto coisas que não estavam nas cartas, segredos, intimidades com os grandes homens que não moravam em Cataguases, despertava invejas. E tinha tardes melancólicas: "— Hoje só recebi doze cartas... Maria Clemência só me mandou vinte desenhos esta semana... Prudentinho há três dias que não me escreve..."

E tudo era mocidade que é mais que beleza. E tudo era graça, inteligência nova, corações ardentes, entusiasmo, sangue, alegria. Mas a cidade não levava a sério os seus meninos, ingrata cidade que ignorava onde mora a beleza, o que é a beleza. Talvez não zombasse abertamente deles porque os pulsos dos rapazes tinham bastante energia para não suportar zombarias, mas se riam em casa, às escondidas, o que dá quase na mesma. O que a cidade não sabe é que Cataguases só existiu quando havia a *Verde* e o cinema de Humberto Mauro. Só será lembrada como uma realidade quando nos tratados de literatura se falar em certo interessantíssimo período da nossa cultura, que se chamou o movimento modernista, ou quando se

CENAS DA VIDA BRASILEIRA

falar nos primórdios de filmagens no Brasil. No mais não existe, apesar do seu riso. É uma cidade como tantas cidades, à beira dum rio como tantos rios, com uma ponte metálica como tantas outras pontes metálicas feitas pela bem pouca imaginosa engenharia estadual.[1]

II

Estão abrindo a urna das Marias. O que se entende por urna das Marias é a urna eleitoral correspondente mais ou menos à letra M do eleitorado da cidade, e como Maria é nome dos humildes — Maria da Silva, Maria de Jesus, Maria das Dores, Maria das Dores Correia, Maria da Fonseca, Maria de Jesus Batista, Maria José da Silva, Maria Rodrigues da Silva, Maria Teresa de Jesus, Maria Antônia da Conceição... — e como um dos partidos timbra em cumprimentar na rua as cozinheiras e as copeiras, em abraçar as lavadeiras e as engomadeiras, pois acha que isto é fazer política pelo povo, a abertura da urna é esperada com ansiedade pela população que tem comparecido diariamente à apuração, acompanhando os resultados com a mesma paixão com que acompanhasse um campeonato esportivo no qual a honra da torcida estivesse empenhada, e isto foi em 1934.

O partido populista, que está sendo derrotado por pequena margem, conta com uma vitória estrondosa na urna das Marias, que o reabilite e o repare para uma vantagem mais ampla quando se abrirem as urnas de Laranjal, onde o eleito-

---

[1] De 1942 para cá, Cataguases tomou nome como cidade realizadora — é mesmo um exemplo, quase único, no país. À frente do movimento — Francisco Inácio Peixoto. No fundo é a revivificação do Movimento Verde, ou melhor, a concretização, embora com atraso, de muitos sonhos juvenis, levando no bojo o perigo da oligarquia.

rado é francamente seu. Lá fora, na rua, há sujeitos com foguetes na mão esperando o resultado — os ouvidos dos adversários que aguentem.

Partido A, partido B, partido A, partido B — os votos se equilibram... E a assistência toma nota: treze a treze, quatorze a treze, quinze a treze, quinze a quatorze, quinze a quinze... O ambiente está tenso de emoção. De repente as Marias do povo começaram a atraiçoar o partido dos abraços na rua. Começam e não param. E quando cantam o último voto da urna, o partido dos abraços foi derrotado por uma diferença de mais de duzentos votos. Estouram lá fora outros foguetes que não os do partido dos abraços. Como doíam fundo aqueles estouros! E os derrotados chefes saíam melancólicos da prefeitura, onde se está processando a apuração. Vá se acreditar em povo e em abraços! — e pensam com acre descrença nas urnas de Laranjal, tanto mais que os adversários andaram por lá distribuindo um horror de sapatos e peças de algodãozinho...

III

Gordo, amável, sorridente, entusiasmado, Antero Ribeiro é proprietário das Oficinas Gráficas Ribeiro e do Bar da Leiteria; mas não há empreendimento local que não tenha o seu apoio imediato. Quando lhe trazem uma lista para assinar, quase sempre ouvem palavras como estas:

— Até eu já andava meio zangado com vocês. Soube da lista e vocês não tinham aparecido...

Cataguases é terra de calor forte. Faltava uma sorveteria. Comprou uma máquina elétrica e refrigerou a população com o famoso picolé Rui Barbosa.

IV

A família Peixoto se mostra envergonhadíssima do pobre almoço que pôde oferecer ao visitante ilustre.

O cardápio compunha-se dos seguintes pratos: sopa de ervilhas, peixe assado, empadas e pastéis, galinha assada, salada de alface e agrião, carne recheada, lombo de porco com tutu de feijão, arroz de forno, linguiça e farofa de torresmo, couve à mineira, angu à mineira, rosbife. Como sobremesa havia: doce de coco, doce de leite, arroz-doce, gelatina, goiabada de cascão, melado e várias espécies de queijo. Como bebidas: vinhos portugueses, brancos e tintos, champanha francesa, águas minerais e café.

A família estava envergonhadíssima!

V

O café do falecido Aristides ficava na praça mais importante, daí sua freguesia ser numerosa.

As moças chegavam, sentavam, pediam:

— Sorvete de chocolate, seu Aristides.

Aristides era amável, tinha coisas engraçadas:

— Sorvete acabou, mas tem guaraná geladinho, muito bom, muito diurético.

VI

Nasceu a menina Bárbara. A cidade se escandaliza, fala abertamente que é uma vergonha dar-se o nome de Bárbara a uma inocente. Tanto nome bonito — Marlene, Daisy, Mary,

Juraci, Adail, Berenice, Nilze, Dulce, Ivone, Ivonete, tantos, tantos! E não falam apenas, passam a agir. Conversam com o pai, procurando por meios persuasórios convencê-lo de que a criança será fatalmente infeliz, pois terá vergonha do nome, etc. (quem diz isto é dona Aglaia). Enviam cartas anônimas, terminam por falar com o vigário que não batize a menina, mas o vigário infelizmente respeita muito o pai do anjinho, que é pessoa potentada na cidade. Há uma semana de agitação, ao fim da qual o pai vai ao cartório e registra a menina — Bárbara. O povo ainda fala dois ou três dias, depois, cansado e derrotado, volta-se para outro acontecimento não menos palpitante: seu Talino, da coletoria, cuspiu na cara da mulher. Mas secretamente prepara um apelido para a inocente Bárbara.

VII

José César possui uma coisa rara em Minas Gerais — bons dentes. Mas possui outra que é comum aos mineiros — malícia.

Ei-lo à porta da sua farmácia, sorrindo, maliciando, deixando a vida passar. Hoje é calma, sossegada, o filho vai bem em Belo Horizonte, dona Isaura não envelhece, é sempre a mesma esposa dedicada, a mesma quituteira de mão-cheia. Mas houve tempo... Comprou duzentos mil-réis de mercadoria fiados, botou nas costas de um burro, bateu para São Manuel, abriu a botica, no primeiro dia fez quatrocentos réis de féria. Isto é a vida. E sorri. O sol de Cataguases tem os mesmos belos fulgores do sol de outras terras. Está dourando agora os altos da Vila Teresa. José César sorri.

VIII

"Já pensastes na melancolia que existe em um camelô de óculos de metal?" — escreve Julião Aires no jornalzinho da terra. "Pois adicionai aos óculos um gorro listrado, uma camisa de amplos colarinhos dobrados sobre o paletó, um alto-falante vermelho de folha de flandres e tereis Vidoque." Vidoque melancólico e inútil. Vidoque subindo com passos de ganso cansado a rua da estação, gritando anúncios pelas esquinas. Ninguém o vê e ninguém o ouve. Autodidata da propaganda, não possui a convicção arrogante dos propagandistas cariocas. A primeira vez que desejou ter a sua personalidade para dar mais brilho aos reclamos incolores, inventou um prefixo, que conseguiu relativo sucesso, mas que teve duração efêmera. Surgiu logo terrível obstáculo. O obstáculo desembarcou ao que parece de Laranjal. Vidoque berrara o malicioso prefixo:

— Até você, ôôôô!...

Não teve tempo de dizer mais nada, porque o cidadão, que era desconfiado e absolutamente inimigo de brincadeiras, exigiu explicações. Vidoque atrapalhou-se e, desde esse dia, não inventou mais nada.

Apesar de tudo devemos-lhe a nossa imperecível gratidão. Aquilo que só as grandes capitais possuem, ele deu a Cataguases: o seu camelô permanente. Proponho que se oficialize Vidoque. Se ninguém o vê, se ninguém o escuta, não faz mal. A culpa não é nossa. É de Cataguases cansada, de Cataguases que dorme entre as montanhas desta múltipla Minas Gerais... Dorme mas não se curva. Demos-lhe anúncios e continuemos a dormir tranquilamente. Mas não grite, Vidoque! As palavras aqui adquirem ressonâncias tremendas. Faça a coisa em família.

Suspire apenas os anúncios, e nós dentro de um sonho haveremos de lhe sorrir agradecidos.

IX

Quando o telegrama chegou já passava de dez horas e a notícia correu como um raio pela cidade — pelo trem do meiodia chegariam não sei quantos turistas para visitar Cataguases.

O caso era este: certa sociedade filarmônica de Petrópolis, em cada seis meses fretava um trem especial, enchia-o com os seus sócios e sua banda de música, enfeitava-o de bandeiras e escudos e ia visitar uma cidade qualquer onde passava o domingo, num amplo piquenique. Aquele semestre tocara a Cataguases ser a cidade visitada.

A palavra turista era inédita em Cataguases, e o povo gozou-a orgulhosamente. O dia era de intenso calor mas na hora da chegada do trem a estação estava cheia. Muito antes do trem aparecer já se ouviam os foguetes. Quando o trem chegou mais perto, ouviu-se a banda de música num festivo dobrado. Quando o trem parou foi um vivório louco. Armou-se o cortejo. A banda de música petropolitana ainda se fez mais marcial, mais alegre. E foram subindo para a praça Rui Barbosa. Na praça Rui Barbosa é que fica o clube de Cataguases, por cima do cinema, que na verdade foi construído para teatro no tempo que não havia cinema. Houve a recepção. O presidente da sociedade filarmônica, um cavalheiro gordo, de guarda-pó e boné, elogiou imensamente Cataguases antes de conhecê-la e ofereceu uma *corbeille* de flores petropolitanas, que simbolizava a amizade destas duas cultas e progressistas cidades, etc. e tal. O prefeito infelizmente não estava presente tinha ido na véspera para a sua fazenda nos arrabaldes. Quem agradeceu em nome da cidade foi o senhor Arruda, jornalista local e rábula conceituadíssimo. Abria as portas de Cataguases àquela plêiade de amigos, e o coração dos cataguasenses também estava aberto para recebê-los como irmãos. O presidente da sociedade estava comovido. O senhor Arruda arrematou: "Cataguases é vossa, meus irmãos!"

E os turistas saíram para visitar a cidade. Infelizmente, Cataguases não é grande, e pior do que isto — uma das cidades menos turísticas do Brasil. O resultado foi que em cinco minutos os turistas tinham visto tudo. E as ruas sem árvores, e o sol rachando, os turistas suavam como bicas. Só havia um remédio — voltar para a praça Rui Barbosa onde algumas poucas árvores davam um pouco de sombra. Foi lá que eles desembrulharam os farnéis, abriram as garrafas térmicas, mataram a fome e a sede. Foi lá que eles ficaram o dia todo como um bando de ovelhas cansadas, até que o trem se formasse às seis horas para levá-los de volta para a fresquíssima e pitoresca Petrópolis.

E durante todo o dia o que se deu foi que Cataguases rodava à volta da praça para ver os turistas. E na Vila Teresa, no bairro do hospital, na estrada de Sinimbu, havia diálogos assim:

— Já foi ver os turistas?

— Já.

— Eu fui ver os turistas agora.

— Eu vou mais tarde. Deixe passar o sol.

X

O batuque está lavrando para as bandas do Meia-Pataca:

*"Botei meu cará no fogo,
Maria pra vigiar,
Maria mexeu, mexeu,
Deixou o cará queimar."*

O batuque está lavrando para as bandas da Pedreira:

*"As moças de Cataguases
Não andam de pé no chão."*

Não, Cataguases! As tuas moças andam de olhos no chão.

XI

No céu não há estrelas. Vou estendido no fundo da canoa, sozinho, ao sabor da correnteza, que é fraca. Por vezes, piados estranhos cortam o negror da noite, e vêm dos bambuais penosos gemidos. Há o coaxar das rãs, o bater leve das águas contra alguma pedra escondida, o assobio dos morcegos cruzando rápidos sobre a canoa.

No céu não há estrelas. Faz um pouco de frio. Agasalho-me no cobertor. E a canoa continua devagar ao sabor das águas. Agora já estou longe da ponte. E as luzes da cidade, nas margens, são como círios que ladeassem um esquife.

XII

Canta o poeta paulista:

> *"Quero ir ver de*
> *forde verde*
> *os ases*
> *de Cataguases."*

É a vida que responde:

> *"Partiram, não estão mais lá!"*

(1937)

LARANJAL

O rapaz compareceu à festa de caridade, prontificou-se a fazer um número. Era caixeiro-viajante, estava no lugarejo a negócios. Insinuante, falador, sabia alguns passes de prestidigitação.

No palco improvisado tirou o paletó, estufou o peito e disse:

— Tenho o corpo fechado. Quem quiser pode atirar.

Então o caboclo levantou-se, deu dois tiros e matou o rapaz.

(1937)

SOLEDADE

Ponto de almoço e baldeação. Pedras no feijão, bife de pedra, pudim de pedra. Garçom lúgubre como um corvo. (O cérebro do reverendo, que vai fazer uma estação de águas, sofre a influência do bife e do pudim.) O rio Verde é amarelo. O carregador número 1 não tem braços! Meninas rondam a estação de braço dado, duas a duas: "Mas você gosta dele..." "Para casar, não." Duas horas de atraso. Horas depressivas, desamparadas. Solidão! Solidão!

(1940)

ITAJUBÁ

I

A cidade não sente muito a existência do rio e talvez só o conceba como motivo para dois orgulhos locais — a ponte metálica e a ponte de cimento armado, que emprestam à paisagem um ar suficiente de progresso. Mas a verdade é que Itajubá não seria o que é, não teria o encanto que tem, se não acompanhasse o Sapucaí numa extensão de curvas generosas e praias encantadoras pela vargem adentro. Aliás, ele é o próprio culpado da indiferença citadina. Tudo no mundo depende de um pouco de espalhafato e o Sapucaí é um rio tranquilo. Suas águas parece que não correm, tão lentas e majestosas vão na sua descida. Mas de vez em quando ele faz uma das suas — engorda, ronca, pula das margens, inunda toda a vargem, perturba a vida das estradas, invade a rua Major Pereira, ameaça o busto do doutor Wenceslau, ameaça a casa cor-de-rosa do doutor Wenceslau, proíbe o comércio na Loja Liberty, transforma numa ilha o grupo escolar e a pensão de dona Bebé, que tem uma filha muito bondosa chamada dona Esmeralda. E aí, sim, aí a cidade exalta-se com o seu rio. Os pensionistas de dona Bebé clamam, impotentes, contra a água que os insula; os alunos do grupo escolar deliram: sobe mais, desgraçado, sobe mais! (As águas deviam subir, subir, cobrir o grupo, levar todos os livros na enxurrada, livros e quadros-negros, carteiras e mapas-múndi, todas as aritméticas e todas as gramáticas, principalmente todas as gramáticas, afogar as professoras e serventes, nunca mais haver grupo escolar!) Os correspondentes dos jornais cariocas e paulistas entram em atividade e enviam telegramas e fotografias, uns orgulhosos, outros indignados, sobre a atitude fluvial. Fora desses comportamentos extraordinários, a cidade não compreende o rio, não compreende nem mesmo o ribeirão Zé Pereira, humílimo afluente do Sapucaí. No entanto o Sapucaí não é apenas belo. É também piscoso. As suas águas escuras, onde se vão espelhar as altas montanhas da alta serra, que os cafezais ainda não invadiram, é o paraíso dos dourados. Dourados e piaus. Piabas e lambaris, que fritos, ó Deus previdente!... Não! a cidade não ama os peixes do seu rio. Os hotéis só conhecem um peixe — o bacalhau — e servem galinha aos viajantes, galinha sob todas as formas, no almoço e no jantar, como um castigo. Só o velho Wenceslau é amigo do Sapucaí. Só ele conhece e ama a beleza daquelas margens, o encanto das praias, a profundidade dos seus tanques, o bom lugar para as cevas, suas deixas e suas manhas — na curva que fica depois do Horto, no caminho de Brasópolis, há dourados de vinte quilos! O velho Wenceslau levou para a política a paciência do pescador, trouxe para o seu calmo fim de vida a habilidade do político — horas e horas, indiferente aos mosquitos, fica à espera do peixe manhoso, pica não pica o bico do anzol, vence-o afinal depois de muito tenteá-lo e estende, feliz no fundo da canoa, o brilhante bicho bíblico para o jejum da sexta-feira. "Quando se chega aos setenta como eu cheguei — diz com sutileza — ou se fica sem-vergonha ou se fica carola. Preferi ficar carola..." A primeira missa dos padres holandeses, na grande matriz de duvidosa imponência, encontra o velho Wenceslau ajoelhado na primeira fila de bancos, preparando com humildade um lugar eterno no céu.

II

Como a estrada que vai para São Paulo corta o centro da cidade, estamos parados no meio da rua, eu, doutor José Rodrigues Seabra e doutor Sousa Peres, à espera que a boiada passe. Há olhos bem pouco amáveis no meio da móvel floresta de chifres. Há mugidos, cornadas, animais recalcitrantes. Há bois lúbricos desrespeitando as famílias nas janelas.

— Êêêê, boi!...

Os boiadeiros apertam o gado pela rua do ginásio. Os cães dos boiadeiros arfam. O sol cai de chapa. Doutor Peres, que achara mais prudente fechar o indefectível guarda-sol, sofre. Agora a poeira é uma cortina amarela. A vaca malhadinha embarafustou-se pela porta do ginásio adentro.

III

O primeiro inspetor federal do Ginásio de Itajubá foi o altíssimo poeta Alberto de Oliveira, o único mortal que, com ar de recepção, se sentou na mobília Luís XV, que veio de Paris para o Clube de Itajubá. Bem mais comovente foi o meu encontro com o professor de educação física, Henrique Marques da Silva, velho companheiro do sorteio militar no Forte de Copacabana, o Surica, *half* gloriosíssimo do Botafogo Futebol Clube no tempo em que os meninos não tinham valor algum, no tempo em que José Ferreira Lemos, o Juca, fazia o mais difícil, que era driblar toda uma compacta defesa, para depois, a dois passos do gol, chutar displicentemente a bola para fora sob a incalculável decepção da torcida, que tinha moças naquele tempo. Porque Juca, segundo ele próprio confessava, jogava "apenas para suar".

— Bom tempo, hem, Surica!...

Surica, no meio do largo campo de esportes, bate com a bola de vôlei, melancolicamente no chão:

— Passou.

Ficamos mudos.

IV

A praça Governador Valadares não tinha esse nome não. Tinha velhas árvores e um feitio de jardim rococó que lembrava certo jardim de Koenisberg, que a fazia amada do doutor Lindenbein, que fez a guerra de quatorze, sabe grego, latim, física, sociologia, ciências matemáticas, está a par de tudo e é o mais perfeito caipira do município. Fazia lembrar também certo jardim de Bruxelas, e o falecido doutor Teodomiro Santiago vinha todos os dias se sentar à sombra das doces copas e embalar os seus sonhos na música dos pássaros amigos. Quando descia a noite, havia namorados. E havia portanto risos e enlevos, abraços e beijos, talvez mais que beijos, como havia também queixas e ciúmes, lágrimas e despedidas, tão vário é o material sentimental. Mas a prefeitura que nunca amou é inimiga de sombras, pássaros e namorados. Veio com tenebroso dinamismo e botou abaixo todas as árvores. Onde havia gordos canteiros, botou chatos canteiros. Nos caminhos de areia que guardavam a forma de tantos pés gentis, pôs cimento colorido. Onde havia bancos simples de madeira, colocou pesados e desagradáveis bancos de marmorite, com ridículos anúncios de casas comerciais. Estava pronto o jardim moderno que o governador inaugurou... Não, ó estrangeiros! não condenemos os gostos administrativos das terras que não são as nossas, mas lamentemos as irmãs árvores que caíram, lamentemos as sombras que perdemos, os pássaros que nunca mais voltaram, os namorados que para sempre debandaram. A pequena praça não é hoje mais que um grande deserto sem amor. O Sol não a perdoa; desde que nasce até que se põe açoita-a com os raios brutos como se ela fosse culpada da sua miséria. Até às dez horas da noite, ó forasteiros! não vos arrisqueis sentar nos bancos da praça sem sombra — há perigo de queimaduras de segundo grau.

V

Vou pelos caminhos de areia limpa e úmida sem rasto de formiga. Há um cheiro de vida e não sei se foi o orvalho da noite fria, ou se foi o regador dos jardineiros, que deixou em cada folha o rutilante aljôfar, que os raios do Sol transmudam em pequenos diamantes.

Jabuticabeiras oferecem os seus frutos negros como olhos. Piteiras nos esperam hostis como um ataque de baionetas. As videiras, que vieram da França, custaram cinco contos cada uma. Quando chegar certa maquinaria encomendada do estrangeiro, a Escola de Horticultura poderá fazer frutas em conserva e a renda será suficiente para custear a vida do estabelecimento. E os canteiros se sucedem. Aqui são gerânios, muito importunados pelas abelhas do professor Lindenbein, ali são as margaridas de mil cores diversas, acolá são as gipsófilas, as papoulas como flácidas borboletas, as acácias amarelas como uma chuva de ouro, os tinhorões felpudos como certas asas de mariposas. Nas estufas nos asfixiamos, mas é ali que, no mistério das germinações, abrem-se corolas raras e as orquídeas ostentam as flores mais belas e delicadas.

Vou vendo, sentindo, aprendendo. Tudo tão limpo, tão regado, tão meticulosamente cultivado, tão perfeito — a natureza disciplinada... E chego a invejar a vida daquelas plantas, que têm quem as cuide com carinho, quem as pode, proteja, defenda das pragas e das intempéries, estrume as suas raízes, garanta a existência das suas flores e dos seus frutos. Felizes vegetais, vou dizendo comigo a cada passo, felizes vegetais! Mas numa volta de canteiro, as dálias se queixaram amargamente:

— Não se iluda com as aparências... O senhor Cardinali (o infatigável diretor da Escola) é um déspota. Não nos deixa sossegadas um minuto sequer. Vive podando os nossos galhos, arrancando os nossos tubérculos, nos mudando de lugar, nos regando com líquidos imundos, modificando a nossa forma e as nossas cores. Já não duvidamos mais que um dia tenha o desplante de nos obrigar a ter perfume! Não, senhor, não podemos mais! Se é um cavalheiro, nos salve! — imploraram com o maior desespero.

E os bambus, também os bambus se lastimaram:

— Nossa vida é intolerável, bondoso visitante. Somos cortados impiedosamente para servir de estacas para os feijões. E como se não bastasse tanta humilhação, todas as manhãs o professor Gouveia vem nos visitar, conta coisas de nossa intimidade aos seus alunos e traz sempre no sorriso a insuportável intenção de nos mostrar que é mais comprido do que nós. Ó senhor, pelo amor de Deus, use do seu prestígio e cave uma transferência para este homem!

VI

Poucos anos depois de casado — e tinha dois filhos — doutor José Rodrigues Seabra tratou de construir a sua casa e a fez bem maior do que na época precisava — cinco quartos, sala de jantar espaçosa, um bom escritório, uma boa sala de estar... Havia quem se risse da planta: "Que exagero, Seabra!" E o dono da casa respondia: "É preciso pensar no futuro."

O tempo correu. Houve o primeiro sacrifício — o quarto de vestir do casal passou a ser quarto de bebê novo, porque eram seis já os rebentos. Depois foi preciso fazer novo sacrifício — o da sala de estar. A família aí se compunha de oito seabrinhas. Quando inteiraram dez, veio um golpe terrível — o do escritório. Mas doutor Seabra conformou-se e os livros foram espalhados pela casa da melhor maneira possível.

E aos domingos é certa laranjeira do quintal que agora lhe serve de gabinete de leitura. Debaixo dela plantou uma mesa rústica e um banco rústico. Na sombra acolhedora, interrom-

CENAS DA VIDA BRASILEIRA

pido a todo instante pelas perguntas filiais (Leniza quer saber, Marcelo quer saber, Licínio quer saber), é que o amigo Seabra resolve os seus problemas, elabora as suas aulas, estuda, calcula, imagina e sonha. Mas o exemplo infelizmente não é itajubense — na velha Grécia estudava-se também ao ar livre e até hoje nós nos babamos com o que os gregos sabiam.

VII

Se o amigo Seabra tem dez filhos, Sebastião Renó e José Ernesto também têm dez. Luís Pereira de Toledo e Porfírio dos Santos Melo têm sete. Francisco Pereira dos Santos tem onze e o Major Pereira tem dezoito. Antônio R. d'Oliveira só tem seis, mas...

Agarro-me ao José Pinto Renó, que tem apenas três, como a um semelhante que não me envergonha nem se envergonha de mim. Mas sabemos que eles é que têm razão, e que é de homens assim que o Brasil precisa. Porque o problema é encher de gente este vasto Brasil. Não me preocupa mais a ideia de que se torne uma outra China.

VIII

O homem nunca tinha visto o mar. Um dia, viu-o.
— Então?
— Muito chique, muito distinto...

IX

O frio é de matar. Veio um vento terrível pela garganta de São Francisco, o termômetro desceu a três, e conta-me o professor Lindenbein que andou caindo geada no sítio do Buriqui.

Mas a noite está tão clara como se houvesse luar e tão bela e tão funda como se andássemos na primavera.

O Visconde da Ribeira Azul é um mulato de sobrecasaca. A filha é loura e gorda, chapéu de plumas. Quando ele entra na estalagem para pernoitar, pois a sua carruagem não pode passar adiante em virtude dum jequitibá que tombou sobre a estrada, corre um ar de tragédia pelo picadeiro. Todos os presentes estão informados que a queda do jequitibá foi uma cilada e que sob o avental branco do hospedeiro escondem-se as armas sinistras do feroz bandido Rompe-Ferro, que deseja possuir a filha do visconde e que já teve oportunidade de gritar abafadíssimo pelos seus torpes desejos: "Ela será minha!" O Visconde da Ribeira Azul, apesar de nobre, é um vastíssimo cretino. Cruza a perna, cofia os bigodes e o cavanhaque, rememora as bondades da falecida viscondessa, fala dos seus domínios e das suas posses, afaga a filha única e não se apercebe do perigo. Tamanha bestidade só podia acabar como acabou, isto é, na unha do tremendo Rompe-Ferro que, auxiliado pela quadrilha, que tem no meio um japonês que antes trabalhou no trapézio, apunhala o ilustre viajante, enquanto a formosa filha foi fazer uma rápida toalete. A volta da beldade é trágica e sem chapéu. Há assistentes que não respiram. Ela debruça-se sobre o cadáver paterno: "Meu pai, meu pai! Morto!" — e, cheia de uma justíssima indignação, atira-se contra Rompe-Ferro: "Assassino, não ficarás impune!" Mas Rompe-Ferro é um canalha completo — envolvendo-se mais na capa preta, dá uma gargalhada sarcástica e grita-lhe nas bochechas: "Serás minha, enfim!" O pudor da donzela se exalta: "Nunca, nunca! Prefiro morrer a ser tua, miserável!" Rompe-Ferro com isto não se conforma e coloca a amada a pão e água numa masmorra, porque a hospedaria tem uma gruta e uma masmorra, até que ela se resolva a aceitá-lo como esposo. E tudo iria de mal a pior se Totó não entrasse em cena. Totó é o cocheiro fidelíssimo do Visconde da Ribeira Azul. Nariz vermelho, cabelo cor de fogo, calças frouxas, sapatão de três palmos, voz fanhosa, ei-lo no meio do picadeiro. O que era tragédia passou repentinamente a ser farsa. A multidão de lágrimas poucas ou muitas caiu no riso farto. Não se contentou mais com o papel de espectadora e passou a atuar na peça com apartes que Totó responde prontamente. O crime é castigado como é de justiça. Rompe-Ferro cai morto pela bala do futuro marido da filha do visconde, os bandidos se regeneram sob palavra de honra, depois Rompe-Ferro ressuscita e convida a culta plateia a assistir no dia seguinte *A cabana do Pai Tomás*, assombroso e comovente drama norte-americano e no qual estreará o notável ator Pinto Leite.

X

O circo-teatro Totó me arrasta como um vício. Não tem feras, não tem o truculento Capitão Brandão com o peito coberto de medalhas, que enfrentava o leopardo assassino de três domadores sob o nervosismo da multidão dos meus dez anos — "Chega! Chega!" Não tem a bela Gabi, que foi o meu primeiro sonho feminino de beleza, ó esplêndida, branca, louríssima Gabi! nuvem de carne voando no trapézio azul, boca de sonho suspendendo nos dentes o companheiro pelos cabelos, estrela de lantejoulas, visão etérea! Não tem elefantes, nem rugidos de leões atrás da lona, nem hindus que engolem fogo, nem gregos campeões mundiais de luta romana, nem pantomima aquática. Tudo isto é passado, o meu passado. O circo-teatro Totó tem balas e pipocas. Tem alto-falante. Tem o negro dos sete instrumentos tocando o *lambeth-walk* para duas *girls* gordas sapatearem. Tem os dois meninos do trapézio, que correm depois a arquibancada para vender os seus retratos, tem a mulher de preto que não faz nada e que corre também pelos presentes vendendo horóscopos. Tem o mirífico Visconde da Ribeira Azul que, de casaca, no ato variado com o qual se inicia o espetáculo, aparece em passes de prestidigitação e telepatia. Pede silêncio ao respeitável público para poder formar a corrente e fazer com que a companheira de olhos vendados adivinhe todos os objetos que lhe forem apresentados na plateia. Dá um passo de valsa e explica: "Qualquer objeto!" e enumera-os: "Documentos, minerais, vegetais!"

Mirífico visconde!

XI

Grande brasileiro o senhor Tristão! Plantou seiscentos mil pés de eucaliptos. Eucalipto não é lá grande coisa, mas sempre é uma árvore nesta terra de devastações cruéis.

XII

O cemitério de Itajubá, o que é anticonstitucional, pertence ao bispado de Pouso Alegre, que o arrenda, assim como a matriz, aos padres holandeses do Sagrado Coração. Há razões, portanto, para que o cemitério forneça uma renda maior que o Cinema Apolo, o cinema cuja fachada era por acaso de muito bom gosto, e que, sofrendo uma reforma modernizadora, ficou reduzido a uma legítima estupidez de pedra e cal.

CENAS DA VIDA BRASILEIRA

Quando um cristão de pequenas posses sente que a morte se aproxima, cai num desespero que o absolve de todos os pecados — como a família irá se arranjar com o enterro? Os previdentes vão morrer em Pedrão, onde a morte é mais barata. Os que ficam... Bem — sussurram certas vozes descontentes — os padres holandeses são todos protestantes...

XIII

Adolfo veio me informar que não podia continuar no ginásio.

— Por quê, Adolfo?

— Porque papai só ganha duzentos e cinquenta mil-réis e somos cinco filhos, de sorte que não tem dinheiro para eu continuar os meus estudos.

Adolfo é bom aluno. É preciso falar com o diretor do ginásio. O diretor imediatamente prontifica-se a colocá-lo grátis. Mas na verdade há mais cinquenta e cinco alunos grátis. E infelizmente a série em que Adolfo vai se matricular já tem setenta alunos. Tem que ser dividida em três turmas se passar para setenta e um, pois a capacidade das aulas é de trinta e cinco alunos, e a divisão era economicamente impraticável.

Adolfo talvez tivesse que perder o ano, se a Providência não tivesse feito com que um aluno desistisse do curso. Pois é, Adolfo, quem mandou seu pai não ser rico?

XIV

Se as coisas são más, Antônio R. d'Oliveira diz: "É um absurdo!" E um dos absurdos — o maior dos absurdos! — é o programa de Matemática do curso complementar de Engenharia que, para ser dado conscienciosamente, precisaria do triplo das aulas estabelecidas. Outro absurdo — tremendo — um verdadeiro crime! — é o tempo marcado para as provas parciais. Não é possível (e Antônio mete as mãos ferozmente nos bolsos) resolver senão tolices em tempo tão escasso.

Se as coisas são boas, ele diz: "É uma maravilha!". Algumas das maravilhas podem ser citadas: o cálculo vetorial, o teorema de D'Alembert e a lei de Taylor.

A beleza está em toda a parte. Cada um é que a busca num lugar. Sorrio do entusiasmo com que Antônio (vinte e cinco anos de magistério) vai me falando de certa equação transcendental, na qual repousa não sei que misteriosíssimo problema do éter. E subimos para os lados da matriz, eu fumando o meu cachimbo e ansioso por um cafezinho, Antônio curvado e magro, a barriga para dentro, o chapéu de abas para cima. Na porta da igreja faz o sinal da cruz.

— Ah! meu caro, estou-te imaginando no céu... (ele tem um olhar sincero e feliz pela vida que o espera)... zangado com os anjos que não se interessam pelas maravilhas da Matemática.

XV

O Instituto Eletrotécnico, fundado por Teodomiro Santiago, é uma tradição de Itajubá, tão gloriosa para o Brasil quanto a Escola de Minas de Ouro Preto. Sua fama vai longe, e quando as turmas saem, já saem empregadas, e com frequência chegam da Argentina, do Uruguai e do Chile pedidos à secretaria do Instituto, pedidos de indicação de alguns dos seus engenheiros com propostas tentadoras. Tudo isto é muito bonito, mas o certo é que uma escola particular como esta, em que o rigor do ensino afugenta naturalmente aqueles que na vida querem um título fácil (tem havido turmas apenas com três graduados), luta com muita dificuldade e só um verdadeiro heroísmo, como o de José Rodrigues Seabra e seus companheiros, poderia ir mantendo o Instituto sem baixar a força dos princípios.

Quando o presidente Getúlio Vargas visitou Itajubá, fez questão de visitar o Instituto. Percorreu-o todo, demoradamente, se inteirando de tudo. E tão bem compreendeu o esforço dos abnegados dirigentes, a importância da lição, o muito que já deu, o muito que ainda poderá dar ao Brasil, que registrou o seu aplauso e admiração com uma subvenção, a primeira que o Instituto recebia.

XVI

O protestantismo tem conseguido muitos adeptos. Padre José, holandês, responsável pelo arrendamento da paróquia, não podia ver com bons olhos a onda de infiéis ameaçando as ovelhas do seu rebanho.

Era preciso pôr um dique a esses comparsas de Satanás. Enchendo-se de energia, resolveu portanto fazer uma obra, uma obra que fosse exatamente um dique, onde quebrasse, vencida, a onda nefasta.

Poderia ter feito uma maternidade, um asilo de órfãos, um asilo de mendigos, um sanatório de tuberculosos, uma oficina para pequenos artífices, um colégio gratuito, um recolhimento para meninas transviadas, uma colônia de leprosos, uma colônia de mendigos, obras que Itajubá bem precisa. Mas padre José preferiu fazer uma coisa original e muito mais útil — levantar uma igreja. Já havia outras igrejas em Itajubá, é certo. Havia especialmente a matriz, enorme, medonha, ainda por arrematar. Mas uma igreja a mais é lógico que havia de pesar na consciência dos amantéticos do diabo. E foi feita a igreja.

Em um mês de entusiasmadas rifas, festivais, livro de ouro, doações e quermesses, levantou-se cinquenta mil cruzeiros. O templo vai ficar em quatrocentos mil. Mas com os cinquenta mil as paredes já estão de pé, afugentando o mal. E dizer-se que há cinco anos a cidade não tem um leigo da força do padre José, que ponha para frente a profana ideia da maternidade, que foi orçada em apenas cento e cinquenta mil cruzeiros!

XVII

A cidade entrou hoje, domingo, um maravilhoso domingo de sol, numa tranquilidade, após quatro dias de desassossego e aflição. Com o coração desafogado — "Correu tudo muito bem" — doutor Peres acaba de informar à população que a sua cadelinha finalmente deu à luz três cachorrinhos, todos machos, infelizmente muito pouco parecidos uns com os outros, e todos os três em nada com o pretendido pai, um simpático vira-lata, que é o ai Jesus do doutor Armando Ribeiro dos Santos.

XVIII

No alto da ponte metálica fico vendo correr as águas barrentas do Sapucaí. Lá longe, a pedra amarela, que deu nome ao lugar, recebe os últimos raios do luminoso dia de maio. Faz frio, um frio que a suéter não defende. O céu é azul, dum azul calmo onde se acendem já algumas pequeninas estrelas, onde boia, pálido e modesto, um caco de lua. E as águas correm. E como se fosse arrastado pelas águas do rio amigo, meu pensamento foge, perde-se distante na imaginação de mil sonhos, mas sereno como a tarde que cai, mansa e radiosa sobre a serra e sobre o vale, sobre as casas e sobre a gente de Itajubá.

CENAS DA VIDA BRASILEIRA

XIX

São maus os acordes do companheiro, mas bem que ele capricha pendurado no cabo do violão. Silenciosos, nós ouvimos. O misterioso cidadão de Guaratinguetá, que nos acompanha, protege o pescoço com um cachecol vistoso. O frio é forte. A madrugada não tardará. Há vultos do mísero amor nas sombras do grande largo escuro como breu. A igreja dos pretos é ninho de corujas. O cantor pede delirantemente que a amada volte para os seus braços. Cada coração está longe, longe do cantor, longe das notas desafinadas. A brasa do meu cigarro é um triste farol na escuridão.

XX

Um dia — a biblioteca do Clube de Itajubá é um símbolo — certo cavalheiro destacado, desses que já leram três ou quatro livros e que estão sempre aptos a elaborar discursos com auxílio do Larousse, para catação de oportunas frases latinas, lembrou-se, nos seus ócios, de fundar uma biblioteca para divulgação da cultura entre os sócios do clube. Falou com um, falou com outro. A ideia encontrou apoio. "Livros a mãos-cheias!" — como dizia o poeta — e reuniram-se os beneméritos para a competente sessão da fundação. Como não podia deixar de ser, houve ata e discursos, citou-se Rui Barbosa, recitou o poema dos "Livros a mãos-cheias" e terminou-se com o pedido: cada um traria os livros que lhe aprouvesse para ir fazendo número nas estantes. Depois iria-se comprando o resto. Dada a qualidade moral e intelectual dos doadores, seria escusado haver um policiamento nos donativos. Ferveram os donativos: *Os miseráveis,* de Vitor Hugo, *A cidade e as serras,* de Eça de Queiroz, *O rei negro*, de Coelho Neto, *Das astenias nervosas e seu tratamento* (tese de doutoramento), *Os Lusíadas*, em edição dos vinhos Ramos Pinto, *Manual do topógrafo*, *Memórias de um médico* (completa), *Alegria de viver*, de Marden, *O valor*, de Charles Wagner, alguns volumes otimistas de Smiles, *Os simples*, do grande Guerra Junqueiro, alguns volumes de Oliveira Martins (presente de um jacobino), *Os sertões*, *A retirada da Laguna*, etc., etc.

Os leitores são bem mais raros que os ofertantes, mas mesmo assim lê-se no primeiro mês da organização cultural. Há mesmo algumas discussões a respeito do valor deste ou daquele escritor. "Camilo é o mestre!" — grita um. "Mas Herculano é maior!" — retruca outro. O sentimental acha que Casimiro de Abreu... Cita-se muito Cândido de Figueiredo. Ataca-se muito o futurismo.

Lê-se um pouco menos no segundo mês, quando diminui também a contribuição doadora e as discussões tendem a tomar um perigoso caráter pessoal. Ao cabo do terceiro, não havendo verba para comprar livros, esgotada a capacidade contribuinte, a biblioteca paralisa-se. No quarto existe *pro forma*, as traças começam a funcionar, leitores e doadores voltam para a mesa de bilhar, para o gamão, uns raros para o xadrez, quase todos para as agonias do pôquer.

Não há um catálogo. Os livros são numerados com uma etiqueta na lombada e trancafiados em duas estantes ao lado de quatro outras vazias, porquanto o que primeiro se apurou nas contribuições monetárias foi aplicado na compra de estantes, com um otimismo por demais exagerado. Eis alguns livros dos trezentos que formam a extinta chama cultural: *Os três mosqueteiros*, *O Visconde de Bregelone* (faltam os volumes quinto e sexto), *O amor de perdição* (com carimbo da Biblioteca

CENAS DA VIDA BRASILEIRA 79

Municipal de Guaratinguetá), *Física,* de Ganot, edição de 1886, *Obras completas,* de Buffon, com estampas coloridas de 1876 (os tigres são cor de cenoura, as girafas parecem jogadores do Botafogo, o pavão é um deslumbramento!), *A Enciclopédia Britânica,* edição de 1908, *A filha do diretor do circo, Ubirajara, Espumas flutuantes, Morceaux choisis,* de Chateaubriand, *Vitor Hugo, redivivo* (leituras mediúnicas) e a fatal *História do Brasil* de Rocha Pombo.

XXI

O coronel Estevão, e deve ser verdade pois é ele mesmo quem confessa, possui trezentos trilhões de contos. Isto, bem entendido, é o que ele tem nos bancos. Há outras posses maiores e menores: a Fábrica de Armas, o Estádio Esperança, a farmácia do dr. Jorge Braga, o cinema, as duas fábricas de tecidos, toda a aviação do mundo, a Síria (de que é rei), a China (de que é imperador), e um diamante que vale quinhentos mil contos. Mas é modesto. Há uma pessoa mais rica — Deus. Deus é dono de tudo. Deus pode tudo. Mas depois de Deus, vem ele, o coronel Estevão! Mas apesar de tanta riqueza e tanta grandeza, o coronel Estevão é um bom rachador de lenha. Risonho, uns olhos verdes de santo, está sempre disposto à troça e só se ofende com uma coisa: quando insinuam que os leitõezinhos de certa porca do major Pereira saíram muito parecidos com ele.

XXII

D. Tomás da Câmara, firme na grossa bengala que há trinta anos o acompanha como a mais fiel das amigas, me arrasta pelos campos onde o orvalho ainda brilha. Doutor Luís Goulart passa no seu cavalinho branco, seguido do seu cachorrinho preto, rumo de Pedrão, onde está construindo uma estrada. E d. Tomás continua a contar coisas da África, da África misteriosa que ele palmilhou, África que não deixa mais o coração de quem lá esteve. O Sol forte dissipa as últimas névoas da grande serra. Nós estamos subindo. Lá é que ficam os campos paulistas de bom clima, abrigo de tantos milhares de peitos cavernosos. Lá embaixo, Itajubá se estende... O morro das Corujas, o hospital, o cemitério no morro, o aterro do brejo onde se elevará um estádio municipal, e os telhados velhos, povoados de urubus, e as chaminés das fábricas, e as estreitas e limpas ruas que vão dar na pequena praça central, que lembra de noite, pelo movimento, uma panela de formigueiro. Ainda há árvores na praça central. Ainda é ela uma ilha de frescura na cidade sem árvores, um encanto que os forasteiros não esquecem. Estamos parados. Contemplamos Itajubá à beira do seu rio. Há uma paz de idílio nos campos verdes, nas azuladas montanhas que fecham o horizonte.

(1942)

PEDRAS BRANCAS

Se vós soubésseis quanto ganha uma professora pública, vossas faces cobrir-se-iam de vergonha!

(1940)

SANTO ANTÔNIO DOS ALMEIDAS

Santo Antônio dos Almeidas é tristeza e barro, barro e tristeza. Porcos se afundam na lama. O mastro de São João é feito de um único bambu de altura infinita. Lá no alto, a pequena bandeira branca, furando o céu de chumbo, está tesa como se tivesse sido paralisada pelo frio. No fundo do negócio, o chofer de Belo Horizonte berra alucinado com uma cólica de rins, pedindo injeção ou morte.

(1940)

SERRA DO CIPÓ

I

A chuva torrencial põe um véu branco na frente do automóvel. O chão calcário é branco como se estivesse coberto de neve; pela vegetação rasteira, marcada por umas florezinhas vermelhas de cinco pétalas tão duras quanto as folhas, correm, em declive, improvisados e rápidos riachos duma água clara que dá vontade de beber. O vento fustiga os vidros do automóvel. As pedras muito pretas saltam do chão lembrando-nos cataclismos imemoriais. De repente a chuva estaca, como se tivesse havido um milagre! A nuvem branca se abre e divisa-se um vale verde, de um verde brilhante de umidade, onde há vagos bois parados, chegados uns aos outros, escorrendo água. Parece uma pastagem alpina, como as que a gente vê em cromos europeus. E há duas versões para o caso das vacas holandesas.

Diziam uns que o inglês viu aqueles altos. Lembraram-lhe os pastos da sua Inglaterra, ou os da Suíça por onde andara, e tratou logo de comprar toda a serra do Cipó. Construiu uma grande casa de fazenda, bem confortável, mandou vir gado holandês, espalhou-o em volta. O pasto era fraco. Tudo era uma ilusão da vista na terra calcária. Perdeu dois mil contos.

Já outros diziam que o cavalheiro tinha apenas o nome inglês. Viu aqueles altos, que lembravam as macias pastagens europeias, e resolveu fazer um bom negócio. Para dotar a fazenda de fino gado holandês, precisava de um empréstimo no Banco do Brasil. Levantou antes a casa com boa varanda, espalhou o gado pelas cercanias e esperou o fiscal do banco. O homem veio de óculos e de pasta, viu, cheirou, achou tudo muito bem. Foi avaliada a fazenda em dois mil contos, em seis meses o banco recebia-a em falência e o cavalheiro foi para outras terras, comprou um apartamento, botou os filhos no colégio e passou a viver muito regalado, com um certo luxo de vinhos estrangeiros.

II

Deixamos o Alto do Chapéu de Sol, com um posto de gasolina e anúncios de gasolina, e apeamos no Alto do Palácio, na antiga casa de fazenda que hoje é um hotel. A vista maravilhosa descortinou-se aos olhos como uma mágica. Costa Chiabi respira com amplitude os ares da sua terra. Quem esteve quinze dias, como ele, em perigo de vida, sabe que valor tem uma largueza como aquela e que auras de saúde nos traz o sopro do vento cortante. E depois que a jardineira de Conceição partiu para Belo Horizonte, com as malas do correio amarradas nos para-choques da frente, abancamo-nos à mesa do almoço, limpa agora dos viajantes. Galinha com quiabo levanta defunto. Depois o vinho daquelas serras é particularmente cordial. O rádio enche o salão de melodias belo-horizontinas, de anúncios belo-horizontinos, e as cortininhas brancas, nas janelas de guilhozontina, têm uma graça de casa nupcial.

Acendemos o cigarro e espichamo-nos na varanda, numa digestão prolongada. O frio é forte, o vento geme nas casuarinas, no jardim abandonado havia um lago artificial para criação de marrecos, que hoje está seco, apesar da chuva. E agora a chuva torna a cair, compacta, endoidecida pelo vento. E tudo ficou novamente branco, como se a casa, como se nós, seres e coisas, tivéssemos mergulhado num floco de algodão.

III

O português aposentou-se e foi habitar a chácara na subida da serra do Cipó. Lá vive rodeado pela paisagem miraculosa, numa casa ampla que tem um laranjal ao fundo. É homem conhecido pela sua solidão e por sua esquisitice. Das suas formas de esquisitice destaca-se a de, na primeira vez que vê um sujeito, simpatizar ou não com ele e daí tratá-lo com a maior aspereza ou com a maior delicadeza.

Quando o sr. Melo Viana era presidente do estado, de passagem por lá, ao inspecionar ou inaugurar a estrada de rodagem que se abria entre Conceição e Belo Horizonte, o português não simpatizou com ele. Recebeu-o em sua casa por se tratar, é lógico, da mais alta autoridade do estado. Mas que secura! O político sabia das originalidades do homem, riu-se naturalmente de não ser simpático ao solitário aposentado, mas procurou vencê-lo e pôs-se a puxar conversa com ele. O homem foi inderrotável. Limitava suas respostas a um sim ou a um não.

E quando o presidente apanhou um notável cristal, que estava sobre o consolo da sala, para admirá-lo, o dono da casa lançou a sua única frase grande da visita:

— É para ver com os olhos, senhor presidente.

Ele simpatizava muito com o velho Chiabi, imigrante sírio, de nobre origem, que viveu dilatados anos em Conceição do Serro e lá deixou justa saudade e uma prole numerosa, que é motivo de orgulho para o povo de Conceição. Sempre que o velho passava era obrigado a parar, abriam-se latas de sardinha, o pomar era franqueado, e a palestra se prolongava por muitas horas. Quanto aos filhos do velho Chiabi, já o velho português dividia-os em simpáticos e antipáticos. Gostava do Zé e da Zenaide, não topava o João, não dava uma palavra ao João.

E conta-se que uma vez dois viajantes ao passarem pela sua porta, sequiosos, encontraram-no em pé no portão da chácara, dominando o mundo de cima dos tamancos. O pomar carregava-se de laranjas. Laranja mata a sede. Dirigiram-se ao velho:

— O senhor podia nos oferecer algumas laranjas?

Ele não gostou da cara dos sujeitos:

— Minhas laranjas não são para dar — respondeu pondo os olhos no vácuo.

— O senhor podia então nos vender algumas das suas laranjas? — insistiram os viajantes que conheciam-lhe a fama.

— Minhas laranjas não são para vender.

— Então são para roubar — rematou um dos viajantes.

Ele não respondeu. Os homens tocaram o automóvel, pararam no pomar, pularam a cerca, comeram quantas frutas quiseram e ainda levaram muitas. O português ficou impassível, olímpico, como se não visse nada.

(1940)

CENAS DA VIDA BRASILEIRA   85

SETE LAGOAS

Dizem que o povo não sabe contar — são oito. Mas a gente só vê uma.

(1940)

CONCEIÇÃO DO SERRO

I

Quando foi da visita pastoral de d. Frei de Guadalupe, quarto bispo do Rio de Janeiro, isto em maio de 1727, o ouro era tanto que o bom pastor arregalou os olhos já de natural arregalados. E o seu *Te Deum* foi um *Te Deum* caprichado, um *Te Deum* apropriado a uma localidade de tantas possibilidades futuras para a religião e para o bispo. Por parte dos locais houve capricho também — que diabo! um bispo do Rio de Janeiro não se recebe todos os dias. E os mais ricos tapetes foram estendidos na nave da matriz para as senhoras fidalgas se ajoelharem. Infelizmente nessa época havia em Conceição, como hoje há na América do Norte, a respeito dos cinemas, caminhos de ferro, restaurantes automáticos, escolas, capelas protestantes, etc., duas irmandades: a de Nossa Senhora Imaculada, composta exclusivamente de brancos, e a de Nossa Senhora do Rosário, composta exclusivamente de pretos. Ora, os pretos e mulatos (que eram incluídos na irmandade dos pretos) deram de pisar mais ou menos ostensivamente nos brocados estendidos para as damas fidalgas do *Te Deum*. Daí surgiu um charivari. Dispararam tiros, facas brilharam, houve muita troca de rasteiras e bofetões e o senhor bispo proibiu a entrada de negros por dentro da cerca da igreja, principalmente nas ocasiões de missas e festejos, para que não houvesse desarmonia e tumultos na casa de Deus. Para pior dos males morreu na arruaça o filho de um ricaço, um tal capitão Francisco Moreira Carneiro, e não pôde ser mais sumário o julgamento dos responsáveis, que em número de oito inauguraram a forca construída no outeiro próximo à matriz, lugar que daí por diante ficou sendo chamado Morro da Forca ou Morro das Oito Cabeças Negras.

Sem igreja os escravos ficaram desesperados. A injustiça era tamanha que bradava aos céus e houve novos princípios de questões armadas e muito perigosas para os brancos por aqueles tempos sem iluminação e de trinta negros, ou mais, para cada branco. O pelourinho funcionou fartamente, os capatazes com seus rebenques davam nos negros de criar bicho. Afinal, vozes apaziguadoras ou temerosas se levantaram sugerindo a construção de uma capela para os negros, que afinal também eram filhos de Deus. Os brancos acharam bom, os negros também e, pegando da ideia, se quotizaram e a 28 de março de 1728, segundo o senhor Geraldo Dutra de Morais, se iniciou a construção da capela, que ainda hoje lá está simples e abandonada, e que teve um título retumbante: Igreja de Nossa Senhora do Rosário dos Pretos, da Freguesia de Nossa Senhora da Conceição do Mato Dentro, da Comarca da Vila do Príncipe do Serro Frio.

II

Doutor Orestes me obriga a descobrir nos recortes das montanhas a figura de um soldado francês. Infelizmente meus olhos turvos veem outras imagens e a culpa é de frei Vicente. Frei Vicente de Licódia já tem trinta anos de Brasil. Veio da amável Úmbria logo que se ordenou e curtiu dez anos de catequese entre os índios do Alto Rio Doce, na fronteira com o Espírito Santo. Áspero foi o trabalho. Do bem que possa ter advindo aos índios pela mudança de religião, nada posso dizer. Da enfermidade que apanhou, foi premente a mudança para climas melhores. Um clima melhor é Conceição do Serro, a mil e tantos metros acima do nível do mar e varrida por todos os ventos. Há vinte anos que a cidade é pastoreada por este bondoso coração. Que Deus o conserve como está, forte, trabalhador, homem de iniciativa. Pitando cigarro de palha, com chapéu de feltro preto e hábito marrom, ele vira a cidade dia e noite. A igreja nova é obra sua, o êxito das festividades religiosas, que trazem em certa época do ano uma imensa romaria a Conceição do Serro, é obra sua. Não fosse frei Vicente, não haveria o ginásio, com uma horta imensa plantada por ele, e tendo ao lado um pomar esplêndido plantado por ele. Não fosse frei Vicente, não haveria o célebre vinho de missa de Conceição do Serro. É frei Vicente quem planta a uva, sob as suas vistas se colhem os cachos, são as suas mãos que preparam o vinho. Há dois tipos: um mais azedo e um mais doce.

Turvos estão meus olhos das prolongadas experiências, ai! pobres olhos tão cegos e pecadores.

III

Há mistérios insondáveis! O município de Conceição rendia na época da câmara e do senado quarenta contos, que ficavam perdidos imediatamente nas campanhas eleitorais para a eleição dos deputados, dos senadores e dos vereadores. Veio uma nova organização administrativa e o município foi dividido em três, e após esta medida e a extinção das eleições — é preciso contar também com o aumento dos impostos existentes, e a criação de muitos novos impostos — só o pequeno município de Conceição passou a render duzentos contos, havendo pela primeira vez verba para estradas, obras públicas, saneamento, material escolar, além de outras pautas que em tempos idos eram proposições vagas ou inúteis.

IV

Numa casa de muitas janelas, no Largo do Chafariz — que já foi Largo do Pelourinho e hoje é bem mais prosaicamente praça D. Joaquim — morava o capitão João Alves de Oliveira, modesto escrivão da coletoria estadual. Tinha filhas e entre elas a menina Zenaide. Zenaide tinha quinze anos e era uma formosura. Então o recém-chegado promotor de justiça, doutor Afonso Henriques da Costa Guimarães, notou a formosura da menina Zenaide e passou a frequentar uma loja em frente da casa dela. Isto aconteceu em 1895. Junto a uma das janelas da casa do escrivão havia um pé de cinamomo, um coqueiro e uma fonte. O poeta cantou a fonte e cantou as árvores — que de noite são tristes como quem morre do coração. Nas noites de luar, e eram muitas em Conceição do Serro, havia serenatas, brandos violões, trêmulas guitarras. O coqueiro balançava as palmas, o cinamomo floria, a fonte jorrava as suas águas e o poeta vagueava, porque quem dorme quando há luar amor por certo não tem.

A fonte ainda lá está, o coqueiro morreu, o cinamomo foi cortado porque era preciso passar uma linha telefônica que não podia recuar dois ou três palmos... O doutor Afonso casou-se com a moça Zenaide, viveu muitos anos em Conceição do Serro, foi pai de muitos filhos e escrevia sozinho o jornalzinho da terra. Depois, e já o nome de Alphonsus de Guimaraens enchia o Brasil eternamente, transferido para Mariana, ainda foi pai de muitos outros filhos, mas numa tarde de julho de 1924 seu corpo ficou no cemitério da Igreja de Nossa Senhora do Rosário, que é o ponto mais alto de Mariana. Sua alma está no céu, trigo de Deus no céu aberto.

V

A cidade era toda calçada como poucas cidades são calçadas. Um calçamento de duzentos anos, forte, feito em pedras redondas, batidas pelos escravos. Só uma cidade rica poderia se dar àquele luxo. Mas Conceição do Serro foi rica. Quanto ouro correu nas suas bateias, quanto ouro foi achado, fácil, de aluvião! As casas velhas de Conceição mostram a riqueza de outro tempo.

Quando chove, a água escorre entre as pedras e lava a cidade. Ela fica limpa, nova, duma limpeza de presépio. Conceição poderia ter a sua vida de cidade monumento. Nenhum automóvel é necessário em Conceição do Serro, e não há mesmo mais que dois automóveis, que fazem o trajeto para Belo Horizonte e que estacionam pouco adiante do primeiro sobrado colonial, no início da cidade, e que é hoje a Pensão da Saudade, de Zinha Floresta, não sei se porque detrás dela corre o ribeirão da Saudade, que tem dois poços para banho, um para os moços, outro para as moças. A vida da cidade decadente não necessita de ruas macadamizadas nem paralelepipedadas. Infelizmente não se compreende em Conceição que a cidade possa continuar a viver exatamente por não ter mais vida. Que sua existência seja a de uma cidade para turistas, gente que quer ver coisas de um ou dois séculos passados, romeiros que venham fazer preces e promessas no jubileu de São Bom Jesus de

Matosinho. E a prefeitura, com um zelo que atenta contra o já tão pequeno patrimônio nacional, passou a descalçar a cidade das suas pedras, transformando as ruas, outrora tão limpas, em estreitos chiqueiros de lama. Para os que condenaram, a prefeitura tinha o sorriso de quem está muito superiormente enfronhada no que seja uma administração moderna, dentro do código dos municípios. Para os que apontaram que o calçamento antigo era muito superior, esteticamente, ao lamaçal, a prefeitura sorriu, sorriu com o sorriso de quem está muito a par do que seja estética citadina. Para quem lhe provou que para recalçar um trecho de cem metros na maneira como ela estava calçada há duzentos anos, precisaria a renda do município durante uns dez, a prefeitura sorriu de incredulidade. Sorriu e continuou muito feliz na sua operosidade, acompanhando o progresso do século, recebendo naturalmente muitas felicitações pela sábia administração. E quem sabe se não é ela que está com a razão?

VI

Ai! de nós os que têm olhos para amar as coisas belas do passado, ai! de nós, não foi só o calçamento de ricas pedras coloniais. Foi também destruído o cemitério, que havia atrás da igreja matriz, para se criar nele um jardim de mau gosto (e algumas das lajes das seculares sepulturas estão pavimentando agora um dos lados do adro da matriz). Também a balaustrada que defendia o adro fronteiro da igreja e a cercava pelos flancos, minada pela incúria, caiu numa noite de temporal e nunca mais foi reerguida. Também a cadeia, de linhas tão características, foi abestalhada por uma escada externa para o segundo andar, em estilo mestre de obras da roça, escada esta

CENAS DA VIDA BRASILEIRA

obrigada por uma lei da justiça estadual, que não permitia que a cadeia fosse junta com o Tribunal do Júri, de sorte que eles transformaram o segundo andar em andar independente com acesso pela triste escada. Também cortaram as belas árvores que a cidade tinha. Também cortaram o cinamomo do velho Alphonsus. O chafariz de 1825 quase que foi vendido. Havia proposta de um judeu para comprá-lo por oitenta contos e ainda colocar no lugar um chafariz moderno. Também depredaram o interior da matriz. Também, também... Ah! como é triste contemplar todas essas devastações!

O mais sábio é fugirmos aos conflitos e irmos como bons e condescendentes visitantes para a casa do amigo João Evangelista Caramujo, comer o majestoso frango com quiabo que ele ofereceu. Haverá sobremesas de doces da terra, haverá o vinho do frei Vicente, haverá frei Vicente, e Levi Costa e o outro Levi, contador pachorrento de anedotas, e doutor Brina e o Costa Chiabi. Se o frango faz o corpo pesado, o vinho põe o ânimo leve. Que importa que em meio do bate-papo os escorpiões de Conceição deslizem pelos móveis com seus terríveis ferrões?

VII

Teresa ficou evidentemente sobressaltada com a minha presença. Principalmente depois que soube que eu trazia no saco quatro diabinhos para soltar em Conceição.

Estúrdio em Conceição é o que é louco em outros lugares.

— Que homem estúrdio!... — falava sozinha, baixo, como se falasse consigo, mas na certeza de que eu estava ouvindo.

Observava-me de soslaio, ia e vinha com a cabeça em movimentos manhosos:

— O senhor conhece bem ele, doutor Joãozinho?

Todo mundo sabe que o diabo veste muita vez a indumentária dos homens para melhor seduzi-los e praticar as suas maldades. Mas doutor Joãozinho respondeu:

— Conheço, Teresa. É muito meu amigo. Um rapaz do Rio. Escritor...

A Teresa continua incrédula:

— Não está parecendo boa gente — e sonda na barra da minha calça a possibilidade de um rabo e nos meus sapatos a possível conformação de um pé caprino.

Teresa é parda clara, o rosto curtido, baixa, não tem idade verificável, mas já deve ter passado dos cinquenta, pelo que se sabe a seu respeito. É uma figura de Conceição. Nunca trabalhou, nunca trabalhará. O máximo a que se dispõe são pequenos recados, pequenas compras, sempre comissionadas. Embora de pé no chão, anda sempre muito limpa, cheirando a ferro de engomar. Vive de cachaça. Não muita, apenas o suficiente para chegar aos olfatos alheios e para dar impressão de um tanto embriagada e poder assim ter um *habeas corpus* para dizer tudo o que quer na cara dos fregueses. E como tem uma finura matuta, um rude poder de sátira, sátira por vezes cruel, ela vai vivendo a sua vidinha certa dos níqueis que lhe caem nas mãos pela graça da sua presença.

Espalhou pela cidade notícias horripilantes a meu respeito. Estúrdio, diabo disfarçado, cheirando a enxofre, estava desencaminhando doutor Joãozinho, etc., etc. Mas, oportunamente, na hora da partida, deixei na mão esperta qualquer lembrança que pudesse transformar a sua opinião a meu respeito. Creio que consegui...

(1940)

CARMO DO RIO VERDE

"A sulfanilamida nas peritonites"; "A vitamina B-1"; "É preciso cultivar a sua personalidade"; "Quem foi o autor dos direitos do homem?"; "Quem fez o papel de Scarlett O'Hara no filme ... *E o vento levou?*"; "A batalha de Salamina foi na Guerra Europeia?"; "Será lícito o lucro?" — os últimos caixeiros-viajantes nos seus guarda-pós com monogramas bordados cansam-se de se ilustrar nas páginas do *Reader's Digest*. Na solidão do trem dentro da noite, a tristeza desamparada dos meus pensamentos. Por toda a parte o mesmo: subalimentação, tuberculose, sífilis, maleita, devastação de florestas, religião, denso analfabetismo, casamento indissolúvel, lúgubre mortalidade infantil, falta de recursos, desalento. E não sei o que dói mais fundo — não saber se os corações são tão bons que tudo suportam, se tão miseráveis que não têm consciência da sua desgraça. E por vezes brasas, que a locomotiva joga, luzem como uma chuva de ouro que as trevas logo apagam.

(1942)

SANTOS DUMONT

Vós já imaginastes um coreto de cimento armado em forma de guarda-chuva aberto?!...

(1942)

SABARÁ

I

A gente entra na cidade por uma ponte, em estilo, digamos, Luís XV, com imponentes candelabros nos balaústres, cujos globos de vidro são, infelizmente, arrasados obstinadamente pela meninada sabarense. E como a ponte só dá passagem para um veículo e com calçadinhas para um só transeunte, ficam imediatamente diminuídos os altos méritos da operosa Secretaria de Viação e Obras Públicas, a cujos chefes e engenheiros Deus dê longos anos de vida, para grandeza da pátria e admiração dos pósteros.

II

O rio das Velhas, que em outros tempos foi navegável, que já teve um naufrágio histórico perto da fazenda dos Machado, denso bosque de mangueiras e jabuticabeiras, é hoje um rio quase sem água, salpicado de pedras pretas, com raros e teimosos batedores nas margens de cascalho amarelo. Corta a cidade com as águas barrentas, cada dia mais escasso, mais triste, como um homem que sabe que vai morrer.

Ao longe, a serra da Piedade, roxa na distância, com o convento no alto, enche os olhos do visitante de um estado de melancolia que o silêncio das ruas antigas — rua do Caquende, rua do Borba Gato — parece aumentar, não sem grandeza.

Igreja do Rosário, padroeira dos pretos, igreja das Mercês, em ruínas, igreja do Carmo, com obras do Aleijadinho, igreja

Grande, que é a matriz, branca e dourada por dentro, com pinturas chinesas nas portas da sacristia, todas são tristes, de uma tristeza antiga sem remédio. Tristes são as catacumbas que ficam defronte à igreja do Carmo, tristes são os chafarizes de pedra espalhados pela cidade, a catedral que não foi adiante, jamais irá adiante, o solar do barão, as ruas tortas, as ruas ladeirentas, a casa de Borba Gato, o solar de Jacinto Dias, que tem lendas trágicas e onde hoje se instala muito prosaicamente a prefeitura municipal. Triste é a Casa do Ouro, que reformaram, velha do tempo em que só havia no mundo quatro continentes, e que lá estão pintados no teto da sala de entrada.

Alegre em Sabará só há uma coisa e é também uma igreja — a igrejinha de Nossa Senhora do Ó, igrejinha branca de Lilipute, dominando o fundo de um largo ladeirento, cujo chão a enxurrada cortou de maneira caprichosa. Sobre o adro de pedras fincadas, onde cresce um capim verde como a esperança, ela eleva-se gentil como uma namorada. Se há padres de menos ou se há igrejas de mais em Sabará, não sabemos; certo é que a formosa igrejinha está sempre fechada e quem quiser visitá-la tem que andar procurando a sua grande chave colonial pelos casebres da redondeza, pois é num deles que habita a venturosa zeladora, que na verdade é uma lavadeira.

Fica na parte menos conhecida, menos devassada da velha Sabará e no entanto foi ali que Sabará nasceu. Ali se fincaram os primeiros fogos da povoação — a Vila Real de Nossa Senhora da Conceição de Sabará do Rio das Velhas. Mas não foi logo que suas linhas delicadas iluminaram o largo ladeado hoje de tão grandes e remansosas frondes. Ela surgiu bem depois, a 29 de dezembro de 1720, erigida pelo capitão-mor Lucas Ribeiro, que à santa devia a vida.

O que não se sabe é se Lucas Ribeiro era vasilha que prestasse. Que juízo pode-se fazer de quem foi atacado por quatro soldados, depois por todos os outros da guarnição, armados de espadas e arcabuzes, quando ele ia pela rua cercado de escravos? Mas, bom ou mau, a santa o atendeu na súplica desesperada — nem as espadas nem os tiros o feriram, nem ferido foi nenhum de seus escravos. O milagre correu a capitania, e a santa ganhou a sua igrejinha, toda dourada por dentro, dourada a ouro, ouro rico e farto que vinha das águas, então bem grossas, do rio das Velhas, que tantas vezes teve a correnteza tingida de sangue. Suas pinturas, de uma ingenuidade maravilhosa, contam histórias bíblicas, e a história do filho pródigo, história de todos os dias, é uma delas. O púlpito é pequeno e baixo, o coro é minúsculo, quase sobre a cabeça dos fiéis, e como o soalho é de larga madeira com largas gretas, é bastante perigoso para as vozes femininas. O altar, de uma elegância que é rara no barroco, foi saqueado pelos judeus, que têm, naturalmente, frequentadas casas de antiguidades nas melhores ruas do Rio de Janeiro. Mas a santa, pequenina, bem talhada, com o manto de seda e olhos de vidro (que a zeladora em vão tenta convencer que são de pedras preciosas), cega para as maldades do mundo, é a mesma que viu um dia o capitão-mor ajoelhado a seus pés, batendo no peito agradecido as palmadas, talvez, da sua culpa.

III

A casa mais colonial de Sabará foi construída no ano passado.

IV

Da escassez das águas do rio das Velhas poderia se admitir como causa a tremenda devastação das florestas das suas margens, mas se a hipótese fosse verdadeira não haveria uma gota d'água em toda Minas Gerais, de sorte que só admitimos os efeitos.

Deu-se — e eis um — que o poeta Albano de Morais... Bem, é preciso dizer antes que estava na moda a fuga dominical dos belo-horizontinos para pescarias nas redondezas. Alguns mais entusiasmados roubavam mesmo oito dias às secretarias para a pesca de dourados e surubis no São Francisco ou no rio Verde, faltas que aliás não perturbavam em absoluto o dinamismo burocrático da praça da Liberdade. Albano de Morais nunca apreciara o esporte de ficar duas horas à espera da gulodice duma piaba, mas moda é moda. Largou portanto as suas manias filatélicas e gastronômicas e num belo domingo bateu para o rio das Velhas, armado de caniço. Foi chegando, foi jogando o anzol n'água — plócote! A água estava rasa, nem era água, era lama. Então um porco, que estava dormindo, acordou — nhécote! e comeu o anzol.

(1941)

RIBEIRÃO VERMELHO

O trem apita na curva da terra vermelha, e surge a paisagenzinha medíocre de Portinari.

(1940)

CONRADO NIEMEYER

I

Principio por dizer que o Conrado Niemeyer da estação nada tem que ver com o comerciante do mesmo nome que se atirou (disse a polícia) da quarta delegacia-auxiliar quando era presidente da República o sr. Artur Bernardes, mais conhecido como "Rolinha". Antes do acidente que tristemente celebrizou este nome, já a estaçãozinha tinha a sua tabuleta, homenageando o engenheiro que meteu trilhos por aquelas serranias fluminenses.

Muitos anos andou em abandono a localidade, até que, neste último triênio, tem crescido como estação de descanso.

Alguns chalés, plantados numa encosta, um bom hotel pronto e outro a terminar, uma venda, uma pequena fazenda, uma pequena olaria, eis Conrado Niemeyer, que fica à beira de um vale onde corre no fundo o rio Sant'Ana. Há ainda três coisas para citar: a venda do seu Antônio, a agência do correio e a pedra fundamental duma igreja, no cocuruto de um pequeno outeiro, ponto predileto de descanso das duas criaturas mais operosas do local — o boi "Laranjo" e o boi "Coração", um preto, e outro cor de café com leite, pés enormes, chifres enormes, olhar bondoso.

Outra figura muito destacada em Conrado Niemeyer é "Duque", pai de todos os cachorros de uma légua à volta, o que é facilmente constatável pela semelhança dos filhos com o pai. Há também a "Bolinha", cadelinha cujo característico é a mais pronta simpatia por todas as pessoas que vê, passando imediatamente para uma intimidade que incomoda um pouco os turistas de calça branca e as turistas de meias de seda.

CENAS DA VIDA BRASILEIRA

Além do clima, além da paisagem que realmente é de grande beleza, além de umas tantas anedotas locais sobre personalidades locais, uma das atrações é a água do Padre, que tem esse nome mais por conveniências comerciais do que mesmo para lembrar o antigo proprietário daquelas terras, certo padre da monarquia, que deixou de ser padre para casar com a prima, ter muitos filhos e viver a sua vidoca numa fazenda de que hoje só se veem os alicerces numa baixada ao lado esquerdo do hotel, baixada que se transformou numa vasta horta com água corrente e que serve os veranistas de alfaces e agriões, objetos como ninguém ignora, pela leitura do *Reader's Digest*, muito ricos em vitaminas e por tal razão muito exigidos pelas pessoas adiantadas, modernas, que praticam o fim de semana para descansar o cérebro dos seus difíceis afazeres cariocas, tais como chaleirar o chefe da seção a semana toda, datilografar umas quinze ou vinte cartas, matar uns dois ou três doentes, obturar uns quatro ou cinco dentes, passar um telegrama cifrado pelo cabo submarino e outras mil funções progressistas de uma capital turbilhonante.

A água do Padre, sem outra virtude que a frescura, tem a nascente entre duas pedras, num cotovelo da estrada de ferro e com uma cerca de trilhos que impede o "Laranjo" ou o "Coração" de provar da sua frescura. É um lugar amplamente fotografado pelas senhoras que usam calças compridas, suéter com nome bordado, óculos pretos, cigarro Hollywood e outros refinamentos da civilização. Há framboesas em volta da biquinha, mas não aconselho o uso de framboesas. Além de bichinhos dentro, a umidade onde nascem os seus pés é ponto predileto para o repouso das jararacas.

II

Tudo estava muito quieto, muito razoável, naquele sábado luminoso de inverno, quando entraram os quatro gênios do mal. O marido era gordo, funcionário da Repartição de Águas e Esgotos, principalmente da Seção de Esgotos, como depois se verificou. A mulher era rouca. Os filhos — um casal — eram gordos. Tomaram de assalto o silêncio, transformaram o hotel pacífico num interminável *meeting*. Os cavalos adernaram com os duzentos e cinquenta quilos da família, que incendiou a alma solteirona da contratada do Ministério do Trabalho, Indústria e Comércio, que desde que chegara ao hotel, isto é, uma hora antes que os gênios do mal, estivera calada. Não sei se as vacas protestam, mas acredito no seu sobressalto com o avanço dos copos para o leite fresco às seis horas da manhã, que eles prometeram executar, mal chegados e já informados da existência do nome e da cor das vacas.

Em menos de duas horas todos os hóspedes estão a par da vida administrativa do cidadão, classe "H", da vida sexual da cidadã, das lombrigas que vitimaram os paquidermes que o casal chama de anjos. O desespero mora em todos os corações. Vão passar três dias — o sábado, o domingo e a segunda-feira, que será ponto facultativo. É a eternidade, o caos, o imbecil rebuliço. Há duelos através das saladas, sobre a travessa do arroz, entre a mesinha que dá para a varanda ensolarada (toca da contratada) e a mesa redonda, chiqueiro do quarteto. "— Carlotinha Martins? Ah! já sei. Uma que trabalha na Seção de Marcas Registradas, à esquerda?" "— Não, uma que trabalha na Divisão do Pessoal, à direita." "— Ah! já sei, uma alta e loura, que fuma muito?" "— Não, magra e baixa." Não acertam uma dentro. E são duas horas seguidas disso.

O cavalheiro faz questão de deixar patente a pureza dos seus instintos — não admite jogo algum, nem por brincadeira! A contratada tem idêntica pureza de sentimentos, mas confessa, coberta de vergonha, que já entrou uma vez no Cassino Atlântico! — pecado que o administrador de esgotos apressou-se a perdoar em atenção de que ela entrara não para jogar, e que afinal a sociedade nos obriga a muitos atos dessa natureza. Os quatro depravados que estão jogando um indigno dominó, erram perturbados nos seus golpes — estão ofendendo o olhar dos que nasceram puros para morrerem puros. Infelizmente, o olhar do cidadão não é um olhar gelado, como o olhar do soneto. É um olhar muitíssimo quente que desliza como língua de fogo pelas ancas quarentonas da solteirona contratada, para um instante no pé calçado de tamanquinho azul e foge imediatamente para a contemplação mais honesta das fiéis enxúndias conjugais. E enquanto isto, meus senhores, os inocentes paquidermes invadem o salão, fantasiados de índios peles-vermelhas, com o facãozinho de escoteiro na cinta!!! A mãe ensinava como se fazia um creme de bananas; o rádio acabava de imbecilizar o ar com as aventuras da Pimpinela. Os noivos tinham fugido para o jardim, onde havia luar, um grande luar. E então deu a doida na solteirona, que começou a enumerar todas as casas em que já tinha morado, num total de treze. Quando mencionou a Avenida Ataulfo de Paiva, o gordo, que só a interrompera quatro vezes com pequenos apartes, meteu um aparte maior: "É a avenida dos meus sonhos! Ainda hei de morrer naquela avenida! É o meu sonho dourado!" O filho escarrapachara-se no sofá de molas, e como o seu peso era bem maior que o da solteirona, esta agora se elevava no ar, como no alto duma gangorra. A mulher admirava o marido, a ênfase do marido, a inteligência do marido — "É a avenida dos meus sonhos, etc." (moravam no Rio Comprido, em casa do sogro). A solteirona admirava os rins do cavalheiro. Todos admiravam a Pimpinela, embora que, a rigor, ninguém estivesse acompanhando com atenção as aventuras da cretiníssima personagem. Os devassos do dominó continuavam na ilha dissoluta no fundo do salão. Algumas mariposas se atreveram a vir penetrar no halo da luz. A leviana "Bolinha", depois de dar de mamar ao interessante "Bing", seu primogênito, veio acenando a cauda lamber todas as pernas. A solteirona deu um grito desesperado como se tivesse sido mordida por uma lacraia. O cavalheiro ficou em polvorosa. O menino levantou-se de um salto e a solteirona afundou-se nas profundezas do sofá. E então, felizmente, bateram dez horas, o cavalheiro notificou que iria entornar-se no berço, cumprimentou os presentes com uma intimidade que parecia ter pelo menos vinte anos e saiu, seguido da esposa e rebentos. A solteirona não aguentou a solidão e acompanhou-os logo em seguida, com um copo de água para pingar suas gotas antiespasmódicas. A dona do hotel foi fiscalizar os namorados. "Bolinha" foi dormir com o filho. O rádio foi apagado. E então os quatro jogadores de dominó ficaram muito felizes e começaram a sorrir.

III

A cavaleiro da estação, que tem um caramanchão de buganvílias, sobre um morro que os engenheiros cortaram para a estrada de ferro passar, dona Santa, há vinte e oito anos, impávida, senhoril, domina o lugarejo com os seus belos e claros olhos azuis.

IV

O raio que abriu o grosso tronco de alto a baixo, não matou o pau-d'alho. Ele era mais forte do que o raio. A ferida cicatrizou tornando-se um nicho poético onde os hóspedes vão se fotografar, onde os namorados vão trocar as suas juras. Os maribondos que o visitam são frequentes mas amáveis. O casal de joões-de-barro não vos importunará com os seus duetos, mas o pica-pau é um tanto monótono furando o seu ninho.

O sol abrandou, o ventinho não para. Ouçamos as aventuras de Aloísio. Não é muito cômodo ter-se atitudes na vida, pelo menos certas atitudes. Amigo Aloísio foi obrigado a fugir, furou o Brasil, teve outros nomes em Goiás, Paraná, Minas. Agora voltou ao nome de batismo. Os primeiros cabelos brancos escorregam pelas costeletas. Está disposto a não se meter mais em aventuras, tal como os gatos que, depois de serem terríveis cavalheiros, engordam e passam a ser pacíficos reverendos.

De repente, eu não ouço nada, elimino o mundo, só vejo a aranha que trabalha ao sol a sua teia dourada.

(1941)

JAVARI

O coronel — contaram — não sabia nadar:
— Se eu cair n'água vou para o fundo rente como uma preá.
— Mas preá não nada, coronel?
— Nada, é?! Não sei.

(1941)

BELO HORIZONTE

I

Não é à toa que a cidade é plantada de magnólias...

O homem que chega sente que uma estranha doçura o invade quando respira. Chega a parar nas ruas para sorver melhor o inefável perfume, "o fresco silêncio que desfolha das árvores". Foi assim com Mário de Andrade — "Calma do noturno de Belo Horizonte..." —, foi assim com o casal José Olímpio, que roubou quatro dias às suas edições para passear pelas largas avenidas da cidade-jardim, foi assim com Madalena Tagliaferro.

Não é à toa que a praça da Liberdade tem aquela amplidão de rosas, o espelho dum tanque onde andorinhas vão roçar nos seus voos de flechas o busto do romancista Bernardo Guimarães (que parece sonhar com os sinos de Ouro Preto) e as linhas amáveis, quase majestosas, da Secretaria do Interior, da qual, a qualquer momento, pode aparecer à sacada principal o perfil do poeta Mário Matos, que hoje é desembargador.

O homem que chega senta-se na limpa ilhazinha de coqueiros do parque municipal e nem vê a torre quadrada da prefeitura se alteando, porque aquela aguinha correndo e aqueles coqueirinhos bastam — uma paz, a paz que as outras cidades não têm, invade-lhe o coração. Foi assim com Lélio Landucci, com Araújo Nabuco, Paulo Silveira, Elói Pontes, Percy Deane, Santa Rosa, Hamilton Nogueira, será assim com todos. O ar, a placidez da paisagem de morros nus e serenos, a serra da Piedade ao longe, as ruas tão largas como campos — o que se respira e o que se vê, tudo se faz cúmplice duma serenidade que

CENAS DA VIDA BRASILEIRA

se ignorava a existência. E o homem que chega, que está cansado das inglórias lutas de outras terras, que está ferido pela fúria de outros homens, tão fatigado pelo atropelo de outras ambições, compreende que há ainda em alguma parte da terra um ar que, apesar dos impostos, não está ainda de todo contaminado, uma terra onde há ainda uma outra noção da vida, onde, apesar dos impostos, há ainda uma outra esperança na vida... E então, sob o sol mais luminoso do mundo, vai se sentindo mais claro e compreendendo que as perspectivas de "subir", de "vencer", podem ser bem modestas, que grandes e pequenos podem se juntar na mesma mesa dum café, que a arte de falar mal dos outros é muito mais sutil do que imagina... Vai compreendendo que não há incompatibilidade entre um poeta como Emílio Moura e a secretaria do Departamento Administrativo, que transformou os prefeitos em meros guarda-livros. Que o anjo que passa para apanhar o bonde da Floresta, é Godofredo Rangel. Que outro anjo — baixo, gordinho, mão para trás, olhar distraído — é Arduíno Bolivar, a caminho da casa dum amigo, onde vai ouvir música, de olhos fechados, esticado numa marquesa. Que nos saraus do grave Ciro dos Anjos se improvisam os esquetes mais loucos, nos quais Edelweiss Teixeira é o galã e Zuleica Melo é a terrível vampira. Que na casa de João Alfonsus, entre a fumaça do fuminho de Passa Quatro, se possa comer tranquilamente os melhores pastéis de nata de toda Minas Gerais. E vai compreendendo porque o autor da *Ilusão literária* (um livro que devia ser distribuído pelo governo a todos os impertinentes literatos do Brasil) ainda não foi importunado por ter sido extrema-direita do Atlético, no tempo em que o Atlético apanhava sempre do América; porque Guilhermino César mexe em encrencas da polícia; porque o poeta Austen Amaro identifica criminosos natos e acidentais; porque Renato de Lima pinta paisagens nos vagares da delegacia; porque João Dornas Filho é proprietário da melhor alegria que se possa imaginar dentro duma repartição pública.

Amigos e inimigos, vinde respirar o ar de Belo Horizonte! Vinde sem demora. Eu vos receberei na casinha da serra, para os lados do Cruzeiro. De lá se descortina a cidade plantada no meio de árvores. Perdoareis o ridículo e a burrice arquitetônica dos mestres de obra indígenas: normandos, marajoaras, rústicos, falsos modernos — tudo, menos casa de gente! —, e as cúpulas do Colégio Arnaldo como seios cinzentos que nenhum luar prateará, o gótico da matriz, o pecado mortal que é o Palácio do Bispo, o incrível manuelino da Biblioteca Municipal, a espantosa palhaçada dos bairros novos. Perdoareis tudo, pelas árvores amigas. Tantas e belas árvores, que o velho político matreiro respondia, quando insistiam para que ele fosse à capital ajeitar-se com o governo: "Tenho medo de virar árvore..."

Amigos e inimigos, vinde respirar Belo Horizonte! Eu vos apresentarei ao José Osvaldo de Araújo, que vos contará casos de uma boêmia que já não existe mais, e ao José Carlos Lisboa, que também é poeta. Ao Cristiano Machado e ao Teixeirão, dois mártires da delicadeza, na terra mais visitada pelos mais desgraçados virtuosos, declamadores e conferencistas tanto nacionais como estrangeiros. Iremos com o Teixeirão a Sabará comer jabuticabas, ver a matriz, a igreja do Carmo, com trabalhos do Aleijadinho, o solar de Jacinto Dias, a capelinha de Nossa Senhora do Ó, tudo, menos a Siderúrgica. Iremos com Franklin de Sales a Santa Luzia ver a matriz, a casa dos revolucionários de 42 e o museu do senhor Dolabela; e na matriz podeis pedir três graças — três! Almoçaremos no Acaba-Mundo, com o ventinho do Acaba-Mundo, e a piscina que é em forma de meia-lua! Jantaremos em casa do Costa Chiabi — da paca assada e vinho de missa feito por frei Vicente, de Conceição do Serro. Lá estarão o Pinho, o Augusto Costa, o Chico Costa, que é o maior barganhador do estado. Na noite de São Silvestre, uma bebedeirazinha não faz mal e, tontos, cantareis, cantaremos à moda diamantinense "ó, que belos companheiros", que é uma ordem para virar os copos. Conhecereis o Oscar Mendes, o Mãozeca, que ama a Lua, o Newton Prates, que lhe oferecerá doce de casca de limão de Montes Claros, cuja preparação é um segredo de gerações, o Murilo Rubião, que nasceu para escrever tal como os peixes nascem para nadar. Conhecereis o Alkmim, o Juscelino, o Manuel Trade, o Clarindo Melo Franco, o Moacir de Andrade e a sua piteira, o Alberto Deodato, o Milton Campos, os três Casassantas, o Artur Veloso, o Gracie, o Antônio de Almeida, o Major Dornelas, o conde Belli, que com seus oitenta anos se arrisca, umas seis vezes por dia, a saltar do bonde andando... — todos. Amigos e inimigos, eu vos espero na casinha da serra para uma quase completa reconciliação com o mundo e com a vida. Compreendereis a importância das magnólias.

II

Belo Horizonte tinha sol, um sol imenso. Mas o povo se escondia medroso sob as roupas espessas. E era como se não houvesse sol. Foi o Minas Tênis Clube que trouxe o sol para Belo Horizonte. O sol e a piscina, que ficou fazendo as vezes de mar, na terra sem mar. E na piscina apareceram as primeiras carnes procurando a natureza, desejosas de sol e de água, buscando a saúde na prática dos esportes.

Os músculos foram ficando rígidos, a pele foi ficando morena, apontou uma alegria simples que ainda não havia. Esporte até então era futebol — brigas, canelas quebradas, paixão, grosseria, deselegância. A piscina do Minas Tênis Clube teve função moral — mostrou que o esporte é amável — diverte e estimula, disciplina e alegra.

* * *

O tênis, o voleibol, o basquete, a peteca são complementos. Fundamentais, são o sol e a água. Elementos de Deus.

* * *

A vida é bela pelo que tem de simples e só a simplicidade é forte. Corpos se estendem ao sol como lagartos.

* * *

Alegria das crianças no gramado de sol! As argolas, a roda, a gangorra, o escorrega, a ginástica com música, a pequena piscina, a ducha fria, e ar e luz e liberdade. Os sorrisos abrem-se melhor, as gargalhadas são mais claras, mais ingênuas, as crianças são mais crianças, verdadeiramente crianças, e saltam, correm, cantam, e, ao sol de Deus, ganham forças para a luta que um dia as esperará.

* * *

— O Minas perdeu?
— Sim, perdeu.

Não tem importância. A derrota não é humilhante. As vitórias é que nem sempre são justas. Mas para ser-se atleta é preciso antes ser homem e como homem compreender que pode haver reveses.

* * *

Na noite fria — pam! pam! pam! — as raquetas dão com força — pam! pam! — a bola não para e a luz dos refletores ilumina os golpes, o saibro úmido, os músculos dos jogadores. Pam! pam! — batem e rebatem. Energia, agilidade, inteligência, até que vem um ponto e a assistência aplaude sem exageros, o que é honra para o vencedor e honra para o vencido.

* * *

Também há lendas nas bordas da piscina:
— "... depois do treino, o campeão dos cem metros livres estava muito bem quentando sol, com os pés dentro d'água. Então veio a uiara, carregou-o para o fundo da água azul e ele nunca mais defendeu as cores do Minas."

* * *

A piscina é o espelho azul-cobalto onde o céu se reflete. De repente, o espelho se quebra em mil pedaços com o mergulho do nadador.

* * *

— Seis centros e dois noves em dez.
— Podia ser melhor — diz o major Dornelas passando a arma para um companheiro.

É dos melhores no tiro e também um ágil pingue-ponguista. Em basquete funciona na turma dos fracos, mas em vôlei é elemento de respeito. Dá as suas ripadas no tênis, nada os seus quatrocentos metros (oito vezes a piscina) em três estilos diferentes. Depois do jantar passa duas ou três horas no clube, animando os presentes e distribuindo-se pelo gamão, pela sinuca, pelo jogo de damas, pelo xadrez chinês e pelo xadrez comum. Eis o major Dornelas, voz calma onde se esconde uma energia serena, não fosse ele o Minas Tênis Clube não teria alcançado a importância que tem. Não fosse ele e os meninos mineiros não teriam em dois anos apenas de preparo conseguido e reconseguido o campeonato brasileiro infantil de natação, nem os cestobolistas belo-horizontinos teriam brilhado no campeonato nacional, nem o vôlei teria se desenvolvido tanto, nem o tênis atravessaria um período de tão franca ascensão, nem os torneios de lance livre trariam tantas glórias para as cores azul e branco. Porque não basta haver aparelhos. É preciso haver homens orientadores. É preciso disciplina, bondade, amor ao corpo e ao espírito.

* * *

Os meninos vêm disputando pelas raias de cortiça.

— Que peixinhos são esses? — perguntam os homens míopes que assistem à competição.

— São os seus filhos, meus senhores! — responde o sol entusiasmado.

* * *

A bola encestou.

— Trinta e nove.

A bola encestou.

— Quarenta.

A bola quase que não entrava.

— Quarenta e um.

A bola foi fora.

— Quarenta e dois.

O encestador para um instante, respira, acalma-se, recomeça a sua série. O rapaz de suéter aponta: quarenta e três — cesta. Quarenta e quatro — cesta. Quarenta e cinco — fora. E o atirador é quase um autômato, e vai atirando seguidamente com calma e precisão: quarenta e oito, quarenta e nove, cinquenta.

— Cinquenta! — grita o apontador. — Boa série!

O atirador sorri. Sua. Pega na bola, abraça-a contra o peito como se abraçasse o corpo da amada e dirige-se para o rapaz de suéter. (É o treino diário, metódico, anônimo, ignorado como certas violetas desconhecidas que só se anunciam pelo seu perfume.)

* * *

Nos torneios de bilhar, os resultados são sempre hierárquicos. Primeiro lugar — o chefe de polícia; segundo lugar — o chefe de gabinete; terceiro lugar — (empatados) os quatro delegados auxiliares; e assim por diante.

* * *

O restaurante do clube abre-se num largo terraço donde se descortina o bairro de Lurdes, mais que qualquer outro bairro. É um bairro novo, e a sua construção, que tem menos de dois anos, foi devida à carteira de empréstimos da Caixa Econômica. Cada bangalô é um débito. Um débito a um por cento ao mês, com juros de mora para os atrasados. Oh, bairro dos aflitos!

III

Quando ele diz: "Vou à Cisplatina" — vai à "Califórnia", que é um barzinho modesto, mamar duas ou três cervejas para esperar o jantar.

Amai para entendê-lo.

IV

— Na sua casa há muitos escorpiões?

E João Alfonsus:

— Para o gasto.

V

Há sujeitos esportivos. Este é literário. Abriu uma tenda de meias-solas e pôs a tabuleta: "A pata da gazela".

VI

Maria de tal (vinte e um anos, coitada!) tem sofrido o diabo na vida. Para o último dos golpes sofridos só havia uma solução — o suicídio! Então, Maria pegou dois escorpiões e engoliu-os. Vivos!

CENAS DA VIDA BRASILEIRA

VII

Deu-se hoje o roubo mais extraordinário do mundo. O homem de perna de pau estava tirando um solzinho num banco do parque. Cochilou, veio o ladrão, desaparafusou a perna de pau e a história foi contada em todos os jornais.

VIII

Também história de gatuno é a daquele cavalheiro que estava roubando o pneumático de um automóvel, em plena Avenida Afonso Pena. O guarda chegou-se e perguntou, intrigado:

— Que é que você está fazendo?

O cavalheiro respondeu:

— Estou roubando.

O guarda foi-se embora e o cavalheiro continuou o trabalho.

IX

"A estação das grandes realizações!" (Só irradia discos.)

X

Pouco a pouco é que a gente aprende.

"Trem" é o mesmo que coisa. "Truta" é tudo que é ruim, desagradável, calamitoso. Num jogo de copas, a trágica rainha de espadas é a "truta". Também é "truta" o sujeito que esconde sua tuberculose e nos grampeia contra a parede diariamente para uma prosa. "Jabiraca" — medonha, feroz, infernal — refere-se sempre à mulher. "Pitimba" é azar, falta de dinheiro, situação aflitiva. "Enrustido" tem uma significação transcendental: é coisa profunda, coisa que está dentro do homem e que não sai de jeito nenhum. Há literatos enrustidos, amorosos enrustidos, casamentos enrustidos. "Toda vida" é superlativo absoluto. Exemplo: bonito toda vida, gostoso toda vida, engraçado toda vida.

E é assim que se pode convidar um cavalheiro para uma cachacinha:

— Vamos tomar um cafezinho dos nossos?

Alguns respondem:

— Só para tirar o pigarro.

Mas há almas mais delicadas:

— Só para tirar o orovaio da boca.

(Orovaio é orvalho em outras terras.)

XI

Como o governador enjoasse de ovos, correram os amigos e coseram as bundinhas de todas as galinhas.

XII

Numa rixa em Diamantina, o adversário passou-lhe o dente na orelha, e hoje ele usa uma orelha de barro.

XIII

As ruas são empestadas por vendedores de bilhetes de loteria e às vezes por meninas de colégios religiosos que pedem esmolas para as missões, não sei se do Tibete, quando há tanta pobreza aqui por perto mesmo...

CENAS DA VIDA BRASILEIRA

XIV

As rosas me conhecem:
— Bom-dia, doutor. Vai ver as cobras?
— Sim, minhas senhoras. Vou ver as cobras.
Atravesso a praça da Liberdade, dirijo-me para o Instituto Ezequiel Dias. Passo uma hora de cavaqueira com Valdemar Versiani, Amílcar Martins, Aroeira, Tupinambá e outros.

XV

Doido, cego no voo do amor, o pássaro veio chocar-se mortalmente contra a parede branca da casa — é a vida!

XVI

Buganvílias! Buganvílias! gritaria vermelha, cor de telha, sulfurina, de cachos e pendões pelas varandas, pelos muros, pelos jardins.

XVII

Ó Primavera! Bailados das crianças na Escola Normal na entrada da Primavera! Ó corações pequeninos que um dia irão amar e sofrer! Ó graça da minha filha no meio das bailarinas que um dia irão chorar, chorar!

XVIII

Eu não conheço o padre Zacarias, o que lamento sinceramente, mas empresto à sua figura os traços de um outro padre Zacarias que conheci: alto, magro, grisalho e curvado, ar de d. Quixote, pescoço vermelho como o de certas galinhas de má raça, nariz comprido onde escorregam uns óculos de lentes velhas, rachadas, sujas de pó da sua paróquia que era na mais perdida das roças, com uma das hastes amarrada com arame. Se em tudo era um pobre Zacarias, o padre Zacarias que eu não conheço é um grande padre Zacarias. E se ao conhecido eu dispensava uma sólida amizade e hoje dispenso uma larga saudade, pois morreu, ao desconhecido eu dispenso uma sincera admiração. É o que os profanos chamam "um homem cavador". Dedica-se ao comércio de terrenos para salvação das almas. Vende terrenos no céu. Tem vendido muitos. Há lotes para todos os preços. Depende da situação, sejam nas mais belas avenidas, nas amplas praças ou nas últimas ruas dos subúrbios celestes. Por isto é que ele não anda sem as plantas no bolso da batina.

— Quanto é este, padre Zacarias? — pergunta o comprador que por prestações mensais, módicas ou opulentas, quer ir reservando um lote onde possa depois da morte construir o seu domicílio junto à corte dos anjos.

— Este é de dez mil-réis mensais, mas está vendido. Não está vendo a cruzinha marcada?

— Ah! sim. E este?

— Vinte e cinco mil-réis.

— Muito caro!

— Mas também tem doze nuvens de frente por sessenta de fundo... E é numa das ruas principais.

E assim vai padre Zacarias conseguindo esmolas para as obras da fé.

XIX

Aquele paralelepípedo de cimento armado no alto do morro é o sanatório proletário de tuberculosos. Foi feito para atender a quatrocentos doentes e abriga mil e duzentos. A morte vaga nele noite e dia como em sua casa. Não há alimentação nem remédios. A prefeitura, que não tem nenhum hospital para tuberculosos, como providência para os que a morte ameaça, abriu outro cemitério com um nome muito bonito — Cemitério da Saudade — e o primeiro cidadão que lá se enterrou foi premiado com uma cova grátis. E abriu também o Cassino da Pampulha, um palácio de espelhos, milhões de cruzeiros gastos para a cultura da roleta.

XX

Não é somente o prazer dos homens. É preciso também pensar na salvação dos homens. A prefeitura, na sua solicitude, ao lado do Cassino vai construir uma igreja, uma igreja lindíssima!

XXI

A casa de Frieira, com belas figueiras no quintal e mais de seis mil fiéis amigos encadernados ou em brochura, fica numa íngreme ladeira do Bonfim, dominando o cemitério de terra vermelha e poucos ciprestes. Da sala de jantar, do escritório, do quarto, ele pode ver o jazigo da família. E agora que o automóvel parou à porta da casa, que nos despedimos, eu e o Ciro dos

Anjos — temos pressa, não podemos entrar —, fico pensando coisas malucas do amigo Frieiro: "Estão mexendo na minha sepultura", "Pelos figos da figueira que o sabiá beliscou..." E a terra do cemitério fica muito mais vermelha, como se jorrasse sangue.

XXII

E o vento parou de fustigar o pé de manacá e a tarde cai radiosa. Os sujos cabritos juntam-se num grupo voraz no caminho que leva ao Cruzeiro, onde há cascavéis. A serra da Piedade recorta-se contra o céu com uma nitidez impressionante. E o fumo dos jantares se fazendo cobre a cidade já perturbada por tolos e ridículos arranha-céus.

XXIII

Ó sinos da Boa Viagem, dispenso vosso chamado! Não quero partir tão cedo. Prefiro ir em silêncio!

(1942)

SUÍTE Nº 2

*"O olho não se farta de ver,
nem o ouvido se enche de escutar."*

ECLESIASTES — I, 8.

BARBACENA

I

Dezessete ou dezoito anos de ausência, minha amiga, já representam bem boa conta! — e o trem para num último e desequilibrante solavanco.

O frio é o mesmo frio terrível de antigamente para me receber na estação deserta da madrugada, e um luar de milagre, como tantos luares da minha infância, derrama-se pela cidade, torna maior a brancura da matriz, desce as ladeiras agora calçadas, ilumina a bomba de gasolina plantada no meio da rua, íngreme e larga, como um humilhante mausoléu, vem morrer aos meus pés entorpecidos como um tapete de prata que nenhum rei pisará.

Somos três os viajantes que entre malas e valises nos comprimimos no calhambeque que o Grande Hotel, com certa vaidade, coloca à disposição dos seus hóspedes. Mas o calhambeque, feio como um cabrito velho, depois de alguns espirros, trepa a ladeira exatamente como um cabrito. O sonolento hoteleiro abre a porta, medroso do frio, o espaço apenas suficiente para a entrada de esguelha dos hóspedes. Com sonolência sobe a escada sem passadeira, com sonolência abre a porta do apartamento e enfia novamente as mãos vermelhas e gretadas nos bolsos do sobretudo de duvidosa cor. O difícil é se entrar no apartamento. O mobiliário, em pau-cetim dum mau gosto eminentemente 1915, é composto das seguintes peças: uma cama de casal, duas mesinhas de cabeceira, uma penteadeira com o respectivo pufe, um toalete, dois guarda-roupas, um cabide, um sofá em forma de concha, duas cadeiras estofadas, uma mesinha, uma cadeira sem estofo e um banquinho de serventia ignorada. Num quarto de três metros e meio por três, sobrarão dois milímetros quadrados, se tanto, para a circulação das pessoas. E ao abrir-se a torneira do banheiro, cai, como não poderia deixar de cair, uma pedra de gelo. E o sabonete, um sabonete extraordinariamente econômico, recusa-se terminantemente a fazer colcha.* Há dois cobertores, reforçados por uma grossa colcha. Talvez ainda seja pouco. Mas a lua sobre a cama também é um lençol resplendente e romântico.

II

Todos nós temos os nossos mortos. Lá vou eu com meu ramo de flores enfeitar os túmulos queridos no cemitério da Boa Morte, cemitério em que já sonhei dormir. Deposito as minhas flores e como não sei rezar, peço humildemente a paz eterna para os meus mortos. Os ciprestes compactos, as casuarinas gemedoras são os mesmos. Não creio que tivessem crescido um dedo sequer na longa ausência, apesar da riqueza da terra onde suas raízes se afundam. Passeio por entre amigos: o bom João

---

*Regionalismo: lugar onde cai o caldo da cana produzindo espuma nas moendas. (N. da E.)

CENAS DA VIDA BRASILEIRA

Brasil, alto e magro como uma cegonha, a suave dona Pepita, que o seguiu depressa, o velho Ede, o Totônio Pinto, que me vendia selos, que tinha milhares de olhos-de-boi colados num velho catálogo das Galerias Lafaiete, a inocente Virgínia, que o tifo levou — muitos. Dou por falta de um túmulo que vem dos tempos da gripe — um coração maior e quatro corações pequeninos gravados no mármore e chorando a eterna ausência de Isaura. Mas lá estão os dois monumentais e anônimos túmulos de tijolo, os primeiros que se plantaram no cemitério, por certo. Lá está a surpresa do São Jorge matando o dragão, num só corpo dourado, encimando o jazigo da família Freire de Aguiar e que antes ornamentara a farmácia do falecido farmacêutico, cuja Água Inglesa era, na voz unânime, muito superior às estrangeiras. A sombra que a igreja lança sobre os túmulos tem a mesma frialdade, mas a igreja, tão bela, tão bela, com suas torres redondas, seu relógio de sol na frente, está desgraçadamente outra, pintada de azul, azul cor do céu, quando era tão branca, pintada de óleo azul até nas pedras de seus ornamentos.

III

Estranham o forasteiro, criticam, ó eternos barbacenenses! a boina parda, o casaco esporte, o cabelo tão esquisito, os sapatos silenciosos... Mas vou seguindo feliz — ninguém me reconhece.

Aqui foi isto, ali foi aquilo, onde andará seu Gelásio, da loja de ferragens? Ando, paro, ando, paro... De repente, estaco com a pergunta:

— Você não é Fulano? (a voz é grossa).

— Sou — respondo.

— É a cara de seu pai.

— Sim, bem parecido.

— Você sabe quem eu sou?

— Sei. Neném Gonçalves.

Neném Gonçalves foi poupado pelo tempo. Ainda coleciona selos. Nos entendemos.

IV

Fui ver os jardins suspensos, um orgulho local. Não são muitos suspensos, três palmos, se tanto, para os lados da Boa Morte. Mas também Barbacena não é nenhuma Babilônia.

V

Se os barbacenenses investissem contra os alemães com o mesmo ódio com que dão cabo das suas praças, em um mês a Alemanha não teria um único habitante. A Companhia Telefônica foi edificada numa praça, pequena praça triangular e florida que enfeitava muito a Ladeira da Cadeia. A Maternidade foi construída numa praça. A capelinha da Glória foi levantada noutra. O clube principal — porque há dois clubes, por motivos que depois se explicarão — foi construído também numa praça que ficava nos fundos da matriz. E como sobrara um espaço de praça entre o clube e a matriz — era impossível perder um terreno tão precioso! — deram jeito de espremer uma Estação Rodoviária, caso que teve a sua dose de escândalo porque o senhor vigário achou um absurdo e protestou junto ao Patrimônio Histórico. Mas a verdade é que o vigário teve que pedir demissão e a Estação Rodoviária há de se tornar mais um orgulho barbacenense.

VI

A *Cidade de Barbacena*, que tem trinta e cinco anos de duvidosos serviços jornalísticos prestados à confusão a que se dá o nome de política municipal, tem em João Raimundo da Silva, o Cearense, o tipógrafo mais leal e pé de boi que já funcionou em oficinas gráficas. A *Cidade de Barbacena* sai todos os dias, o que é raro no interior, mas como Paulo Gonçalves é um jornalista *sui generis* às vezes acorda e diz: "Hoje não tem jornal." E não tem mesmo. É que o jornalista tem um passeio importante a dar ou deseja apreciar *in locum* a defesa de um criminoso de Bias Fortes que há de ser fatalmente absolvido pela ágil e desconcertante verbosidade do advogado José Bonifácio Filho, mais conhecido por Zezinho.

Comumente são recusados artigos da colaboração espontânea sob a alegação de que não há espaço nem para a efetiva, o que não é verdade porque o jornal praticamente só tem anúncios, salvo se o diretor chama de colaboração o noticiário pago da prefeitura e os convites para enterros.

Paulo Gonçalves, um jeito de Carlitos, nervoso e apaixonado, espandongado e brincalhão, eternamente despenteado, afrontando o perigo das estradas municipais, foi colher umas assinaturas pelos distritos. Em Remédios, o fazendeiro cascagrossa quis se defender do golpe:

— Eu não tenho tempo para ler jornal, moço.

— Pois então o meu jornal é o jornal que lhe serve, coronel. Não tem nada para ler!

VII

O frio espreita o povo na saída do cinema.

VIII

Bernanos andou por Pirapora, não sei se apanhou malária lá, mas agora vive em Barbacena. Tem um sítio nos arredores, mas frequenta razoavelmente a cidade.

Um dos seus costumes é escrever nas mesas dos cafés, inteiramente impermeável aos rumores cafesinos, e o Bar Apelo é o ponto predileto para escrever sobre a França, sobre Cristo, sobre os maus católicos, etc.

Se é de Barbacena que vem datando os seus últimos escritos, Barbacena não o lê ou quase não o lê. Admite-o com a mesma simplicidade com que acha culto e talentoso o reverendo padre Sinfrônio — também defensor da França, de Cristo, e inimigo dos maus católicos ex-vereador, ex-deputado estadual, amplo chapéu de feltro preto, há trinta anos vibrante sermonista na Procissão do Encontro, peça que arranca lágrimas e que ninguém desconfia que é a mesma há trinta anos. Porque Barbacena é privilegiada — não tem Biblioteca Pública, não tem sociedades de cultura, o comércio livresco é humorístico, pegar em livro mete mais medo que pegar uma surucucu — Barbacena não precisa ler para ser culta, já teve um padre Correia de Almeida entre os seus filhos, hoje reduzido a busto de bronze, e basta! E então está firme e municipalmente estabelecido que o senhor Bernanos é a quarta inteligência do mundo.

Quem de primeiro me notificou isso foi Ceição — normalista pelo Colégio das Irmãs, comediante amadora no colé-

CENAS DA VIDA BRASILEIRA

gio das ditas, alegre como um passarinho, e minha prima. Em
vão tentei saber quais eram as três primeiras. Mas ninguém
soube informar.

IX

Seu Paulino vivia de uma pequena loja de fazendas e miu-
dezas, e era pastor protestante. Andava sempre de preto, colari-
nho alto, camisa de peito duro, punhos engomados adaptáveis.
Casado, não tinha filhos. Às quintas e sábados funcionava na
Casa de Deus. Aos domingos guardava o respeito. Às quatro e
meia jantava e às seis já se preparava para o sono. Método e
economia. Quando não havia luz elétrica era para não gastar
querosene e pavio; depois da luz elétrica, para não gastar lâm-
pada, porque afinal, na bela cidade de Barbacena, luz elétrica
era um fluido que se consumia em taxa fixa de cinco mil-réis
mensais para cada casa.

Havia na sua loja uma divisa caprichosamente emoldura-
da, que só foi alterada uma vez: "Hoje não se fia." Dava-se que
Pedrinho era um garoto de bom comportamento e que mere-
cia frequentes afagos das mãos muito brancas e muito finas de
seu Paulino, que gostava de crianças. Ora, os papagaios estavam empinados no céu em plena rua Quinze e só Pedrinho não
tinha papagaio e acompanhava de olho comprido as evoluções
dos brinquedos dos amigos. Como a freguesia não era muita,
seu Paulino estava na porta observando os olhos compridos
de Pedrinho. Seu Paulino falava fino:

— Não tem papagaio, Pedrinho?

Pedrinho falava mais grosso que seu Paulino:

— Não, seu Paulino, não tenho dinheiro para comprar
papagaio.

Naqueles tempos felizes, uma folha de papel de seda custava um vintém. Um carretel de linha Três Correntes custava cento e vinte réis, taquara é coisa que toda horta tem, graças a Deus. Seu Paulino, depois de uma hora de lutas interiores, resolveu fiar o papel de seda e o carretel de linha. E Pedrinho teve o seu papagaio, não com caco de garrafa no rabo, como era costume entre os garotos malvados ou belicosos, mas um papagaio verde e macio, com papelotes no rabo.

Os anos rodaram, Pedrinho estudou, saiu da cidade, voltou doutor formado. Houve festa para recebê-lo. Doze anos tinham se passado. Foi com emoção que seu Paulino abraçou-o — estava contente com o seu bom amiguinho. Aí, porém, seu Paulino tremeu — doutor Pedrinho tinha uma pequena dívida na cidade e era bom começar uma carreira sem dívidas. Doutor Pedrinho pagou duzentos e quarenta réis a seu Paulino, que como se vê não cobrou juros.

X

A Tendinha Moderna, do seu Teotônio, ficava na rua Quinze, defronte à loja do seu Fontana e hoje no seu lugar se eleva a Padaria Trieste, numa melancólica fachada de pó de pedra. Seu Teotônio, que dorme agora, tranquilo, seu derrocado sono de imigrante, era português, português solteirão e, conforme a opinião dos entendidos, fora sempre um profundo, mas discreto, apreciador de crioulas. A Tendinha Moderna tinha duas portas e um largo balcão de rígida madeira que, coberto sempre por um móvel lençol de moscas, tomava o estabelecimento em toda a largura. Era escura, poeirenta, teias de aranha penduravam-se aos milhares e recendia a açúcar mascavinho e cachaça. As prateleiras, pintadas dum verde que o tempo e o pó tornaram negro, estavam praticamente nuas — uns vagos tamancos, uma caixa de papéis e palhas para cigarros, pacotes de fósforos marca Bandeira, rolos de fumo goiano, e, destacadas, na solidão do canto esquerdo, umas tantas garrafas alinhadas como os tubos de um órgão. Por trás do balcão ficavam uns vagos sacos de açúcar, de farinha e dois positivos barris de cachaça — a freguesia bebia mais do que comia, e cuspia abundantemente no chão de terra batida. Seu Teotônio era um homem cabeludo, sempre de tamancos, com os pés enormes, as sobrancelhas enormes, o bigode enorme, solitário, de poucas falas. A brincadeira da meninada era sempre aquela — gritar de passagem para dentro da tendinha:

— Ó seu Teotônio, me dá dois metros de farinha!

Seu Teotônio se zangava, dizia nomes.

— Ó seu Teotônio, me dá um metro de cachaça!

Seu Teotônio ameaçava-os com um metro sem serventia.

Mas, quando caía a noite, quando se acendiam as luzes da rua Quinze, seu Teotônio, que não consumia luz elétrica, acendia o lampião de querosene e entregava-se de alma às tais garrafas, que formavam uma espécie de xilofone garrafal. E vinham tristes melodias, bem tristes melodias, notas saudosas de Portugal, alma da sua terra, ai! que ele nunca mais tornaria a ver. Em vão a campainha do Cinema Apelo se desesperava chamando os frequentadores habituais, capitaneados pelo doutor Rochinha, professor de Matemática, que tinha doze filhas e um indefectível guarda-chuva que ele rodava como se fosse uma hélice. Em vão o vozear dos passantes de volta da ladainha. Nada perturbava as notas das garrafas, as melodias do seu canto. Elas venciam tudo — estrídulo de campainha, vozes dos homens, tropel dos cavalos, gritaria dos meninos — subiam para o céu como uma pira harmoniosa de saudade da terra para sempre perdida. Ah! e que amor seu Teotônio tinha pelas garrafas, por uma principalmente, som puríssimo, garrafa de cerveja marca Girafa, que saiu dentre milhões de garrafas como o surdo de Bonn saiu dentre milhões de homens. Aquilo sim, era uma garrafa! Seu Teotônio não a trocaria por nada neste mundo. Por dinheiro nenhum a venderia. Já enjeitara quinhentos mil-réis de um doido!

XI

Hoje o Clube Barbacenense é um prédio sem estilo, plantado asnaticamente atrás da matriz, inutilizando uma praça que seria um encanto se fosse bem cuidada e que já era mesmo graciosa ao tempo da sua destruição. Antes, porém, era um clube simpático, num casarão da rua Quinze, com cinco ou seis sacadas de ferro e uma loja no andar térreo, prédio que também está sofrendo uma estúpida renovação. Aí reuniam-se as figuras mais distintas da cidade para um pôquer noturno que não tinha hora de acabar.

Antônio Gonçalves, professor do Ginásio, não era homem que pudesse perder no pôquer. O ordenado não era grande e como os filhos eram muitos, a vida precisava de economia. Mas um pôquer, que diabo, é um joguinho tentador, e Antônio Gonçalves, possuidor de um azar miúdo e célebre, afundavase nele. Houve, todavia, uma noite, memorável para os anais do clube, que o célebre azarzinho foi desmentido — Antônio Gonçalves perdeu grosso, um mês de ordenado. Depois de umas tantas asperezas, em que era lembrada a pouca honesti-

CENAS DA VIDA BRASILEIRA

dade dos parceiros (felizmente não era verdade, e todos de coração perdoaram), Antônio Gonçalves atirou-se pela rua abaixo, quando a madrugada já começava e os primeiros galos barbacenenses venciam o frio da manhã com seus cantos agudos. O monólogo que se travou na descida consta também dos anais do clube. Dizia ele: "Seu sem-vergonha, você é muito descarado mesmo, Antônio Gonçalves! Ganha pouco, enfia tudo no jogo. Esquece que tem mulher e filhos, mete-se com aqueles ladrões, todo mundo sabe que eles são ladrões, você precisava era apanhar muito nessa cara para endireitar! Você nunca encontrou quem lhe enchesse a cara como você precisa, isto é o que é. Mas hoje você encontra, seu sem-vergonha! Você hoje encontra quem te arrebente essa cara!" Antônio Gonçalves usava bengala por causa dos cães barbacenenses, que empestavam as ruas noturnas com uma indiferença atroz pelas bolas de estriquinina que a prefeitura mandava preparar pelo farmacêutico-químico Cavalcante Raposo. Usava bengala e era careca. Tirou o chapéu e meteu a bengala na cabeça. Felizmente já estava defronte de casa e foi socorrido com todo o carinho pela família que compreendia muito bem as fraquezas dos homens.

XII

A velha igreja da Boa Morte — Nossa Senhora da Boa Morte, padroeira do meu amor — tem fachada de cantaria, duas torres redondas que acabam agudas, ferindo o céu. Dizem que o seu risco é outro milagre do Aleijadinho. Não sei, nunca me interessou saber, outros o saberão naturalmente, mas na verdade é linda.

Uma torre tem sino e a outra não tem. Há lendas a respeito. Não se punha sino na torre (de fria escada de pedra) por causa de certa serpente que morava nela, terrível serpente que comeria um homem, dois homens, não sei quantos homens, descomunal serpente que, enroscando o rabo na torre, ia de um bote no espaço beber água nos úmidos esbarrancados do monte Mário, onde pássaros pretos fazem ninhos e que fica a uns dois bons quilômetros de distância.

O acontecimento não era vulgar. Só se dava à noite, em determinadas noites particularmente escuras, que são as prediletas dos fantasmas. Na cidade, somente uns três ou quatro sujeitos privilegiados tinham sofrido o susto de presenciar o tão espantoso salto ofídico, e valera-os no transe uma determinada e providencial oração à Nossa Senhora da Boa Morte, que jamais abandona os pecadores.

Bem, está visto que isto não foi ontem nem anteontem, foi há muito tempo, quando as ruas de Barbacena ainda não tinham luz. Talvez a serpente tenha morrido, como morreram os privilegiados sujeitos que assistiram às suas acrobacias. Mas, para sempre, a torre ficou sem sino.

O relógio de sol não funciona, e não é por falta de sol — é que os moleques levaram-lhe o ponteiro. Como um poço sem água, fica no adro, mas categoricamente não existe adro, ou melhor, existe uma convenção de adro, certa descida de terra, a descida do próprio outeiro, gretada pelos riachos da chuva, como o rosto das velhas muito velhas. E a descida é margeada por capim, um capim ralo que antigamente os burros pastavam, mas que hoje não tem serventia, fora o decorativo do verde, que rodeia a igreja como o mais belo dos tapetes.

CENAS DA VIDA BRASILEIRA 135

É linda a igreja, mas sua beleza é triste. Triste e solene, solene e passada. Infunde respeito, enche os corações de um vago mistério, de um vago temor do passado e da morte. E por trás da igreja, o cemitério, e os altos, compactos ciprestes, e as gemedoras casuarinas, que derramam sobre os túmulos uma eternidade de sombra. Que vos importará, gelados amigos, que gritos da rua de baixo, que a algazarra dos meninos do Grupo Escolar venham até vós, se os vossos ouvidos estão cheios de amplas, eternas melodias, que os ouvidos do mundo nunca ouvirão?!

XIII

Em 1914, havia em Barbacena duas colônias distintas. A colônia italiana, que tinha vindo, creio, para incrementar a sericicultura no país e que para isso, penso, foi localizada no caminho de Sítio, onde ficava a colônia sericícola, colônia que tinha amoreiras, casulos e um jornalzinho — *O Sericicultor* — que publicado com o fim, como o título explica, de defender os interesses do bicho-da-seda, defendia realmente os interesses muito mais proveitosos e apaixonantes da política dominante local e, em vinte e cinco anos de existência, só pôde notificar a fatura de meio metro de seda, que foi embasbacar os olhos visitantes de não sei que exposição em Belo Horizonte.

Os homens da colônia italiana eram pouco visíveis, estavam naturalmente trabalhando nos macios casulos. Mas as mulheres, essas eram visibilíssimas, e todas as manhãs invadiam a cidade trajando ainda algumas roupas características das suas províncias, fortes e rosadas, vendendo legumes e hortaliças por preços honestos, numa doce algaravia.

A outra colônia era alemã. Não viera tão rigorosamente dirigida, como a italiana. Mas aos poucos se formara, e dedicava-se ao cultivo de rosas e cravos, que faziam furor nas casas de flores do Rio de Janeiro, pelo tamanho, pelo cheiro e pelas cores, e também à fabricação de cerveja, salame e mortadela. Localizava-se no oposto extremo da colônia sericícola, isto é, para os lados do Sanatório e do Cangalheiro.

Tinham os últimos o hábito de, nas noites de sábado ou de domingo, reunirem-se os homens em grupos de vinte ou trinta, subirem para o centro da cidade e depois de consumirem por largas horas os seus próprios produtos, sendo que mortadela e salame em muito menos quantidade, voltarem cantando canções coletivas como é uso na sua terra. Manda a verdade dizer que toda a orgia não passava realmente desse largo consumo de cerveja e de cantorias consequentes. Não brigavam, não importunavam ninguém, não se imiscuíam mesmo com a população da cidade, que afinal achava graça no germânico procedimento e era até sorrindo que afrontava o frio pelas janelas para apreciar a volta da hoste cambaleante de cantadores.

Estas reuniões semanais eram feitas no Bar Alemão, de propriedade de um senhor Benno, alemão como eles, gordo, careca, e mais sociável. Tanto assim que o seu bar-restaurante era frequentado pela fina flor da cidade. Ficava pegado ao solar de pretensões romanas do senador Metelo, num prédio de cinco portas, que ainda hoje é um bar, mas cuja decadência é tão sensível que abriga a ignomínia de um alto-falante, o que impede a mais elementar conversa aproveitável. Pintado de branco, com enfeites azuis, tinha um ar de limpeza. As mesinhas eram de mármore, com os pés de ferro fundido, imitando três troncos de árvores. As cadeiras não eram alemãs, eram austríacas. As balas, num digno mostruário, provinham da fábrica alemã, de Oto & Cia., em Juiz de Fora. O varejo de cigarros

CENAS DA VIDA BRASILEIRA

ostentava vistosos anúncios de charutos Suerdieck e Danemann, muito consumidos. E as quitandas — da estante giratória, competentemente envidraçada — pastéis de nata, brevidades, papos de anjo, bons-bocados, sequilhos, biscoitos de polvilho, biscoitos fritos, pão de queijo, pão de cará, o famoso quebra-quebra, que se desmanchava na boca, enfim mil outras sublimidades de que a Barbacena de hoje ignora totalmente a existência eram fornecidos pelas quituteiras mais eminentes do lugar: dona Cristina, dona Ciloca e a senhora Juca Ferreira, entre as maiores.

Com o progresso do estabelecimento, não podia deixar de surgir um anexo privado. Benno alugou a casa contígua, ex-redação de um vibrante vespertino oposicionista, pintou-a a óleo, alegrou-a com dois espelhos com reclame dos cigarros Souza Cruz, fez uma porta de ligação com o estabelecimento aberto ao público, e fornecia suculentas ceias aos boêmios da cidade, que eram afinal o juiz, o promotor, os médicos — doutores Jorge Vaz, Lincoln da Cruz Machado, Joaquim Dutra, Alberto Machado — os farmacêuticos, os advogados, muitos professores, o poeta Vito Leão, que usava um cravo no peito e notabilizou-se depois na revolução de 30, o suave Carlos Goiano, etc. Jogava-se um pôquer discreto, à meia-noite comia-se leitão, galinha assada, lombo de porco, tutu de feijão, havia cerveja Saxônia, de fabrico local, e, para os refinados, bojudas botelhas de chianti verdadeiro, mesmo porque havia italianos na cidade que tinham progredido e que, de solitário no dedo, punhos e colarinhos de celuloide, frequentavam a boa roda e tinham filhas que eram bons partidos.

XIV

Em 1914, como é do conhecimento universal, a Itália era mais ajuizada do que hoje — ficou do lado dos aliados. Mas a inimizade dos países não impediu que italianos e alemães frequentassem o estabelecimento do senhor Benno. O senhor Benno tinha coisas que nem pareciam de alemão. Por exemplo: a ironia. Os italianos que, pró ou contra os alemães, sempre se caracterizaram por um notável armazém de pancadas, não brilhavam muito na conflagração, mas, às voltas tantas, anunciavam uma ofensiva contra os austríacos, que também nunca primaram pelas vitórias. E o senhor Benno comentava:

— Una brutíssima avançada di due milimetri...

O pessoal ria. *O Imparcial* (do Rio) trazia mapas da guerra que chegava muito atrasada pelo telégrafo. E os maiorais da terra, uns aliados, outros germanófilos (o Brasil era neutro), acompanhavam a estupidez das batalhas com entusiasmo e paixão.

Mas em 1917 as coisas mudaram de rumo para o nosso lado. Barbarismo, estou certo, não é privilégio do nazismo, mas indubitavelmente do prussianismo. Os prussianos estavam soltos! Sem prévio aviso alguns navios brasileiros foram atacados e torpedeados e o presidente Wenceslau — o homem da parcimônia nos gastos, do vintém poupado vintém ganho — assinou a declaração de guerra.

Como era inevitável e muito justo, no Rio de Janeiro as casas alemãs foram empasteladas pelo povo indignado. E o foram de maneira devastadora, porque se havia então admiradores da Alemanha, e até uma Liga Brasileira pró Germânia, com sede na rua Uruguaiana, não havia afortunadamente nenhum partido germanizante atuando no país.

CENAS DA VIDA BRASILEIRA

Não se pode dizer que Barbacena tenha imitado o Rio de Janeiro — é que o Brasil todo se levantava revoltado. E o povo barbacenense empastelou a Salsicharia Nova Hamburgo, a Salsicharia Bávara, a fábrica de cerveja Saxônia e o Bar Alemão do senhor Benno, que escafedeu-se para o mato e nunca mais foi visto. Nas chácaras, as rosas e os cravos pareciam que tinham brigado uns com os outros, tal como na canção infantil. E floricultores e salsicheiros fugiram aterrorizados, enfiaram-se pelos matos, perseguidos por carrapatos e cascavéis, salvo uns poucos que logo se abrigaram na polícia, e o delegado ficou infernal entre o dever e a vontade patriótica "de escavacar com aqueles canalhas todos!"

Após três dias de movimento, discursos e cantos patrióticos — a *Canção do soldado paulista* e o *Cisne branco* eram as mais cantadas — a cidade voltou à calma. Mas não a uma calma perfeita. Um temor andava no ar. Sabia-se que haviam sido vistas tropas alemãs por trás do monte Mário. Houve quem tivesse percebido um zepelim todo pardo escondendo-se nas nuvens suspeitas de Ibertioga. Mateus, magro e bigodudo, quando descia para casa, por volta da meia-noite, depois de um poquerzinho no clube, onde perdeu quarenta mil-réis, ouvira e sentira a coisa passar por sobre a cabeça — zum! — e Barbacena compreendeu logo que se tratava de um aeroplano boche. A Linha de Tiro Padre Correia de Almeida teve então uma função altamente corajosa — policiar a cidade. Ai do amante noturno que tivesse a desventura de ser louro! E as moças contribuíram imediatamente com numerosas quermesses para fins de guerra. "Soldado e ladrão" não era mais a brincadeira preferida da gurizada, mas sim o "brincar de guerra", e, com um maravilhoso sintoma de dignidade, nenhum garoto se prestaria a ser um soldado inimigo. O inimigo era o vácuo, cães, gatos, árvores, muros, uma coisa que estava lá adiante e que os soldadinhos brasileiros venciam e massacravam sem piedade.

XV

Doroteia era alemã. Tinha onze anos, mas bem poderia dizer que já fizera treze. Era branca e era loura; no narizinho arrebitado, duas ou três sardas de sol, sejamos mais verdadeiros, doze ou quinze sardas de sol, punham uma sombra campesina sob os seus olhos celestes. Estava no segundo ano do Grupo Escolar e era a única criança na cidade que usava a bolsa de livros em forma de mochila, sobre a qual escorregavam as douradas tranças muito apertadinhas, amarradas na ponta com laços de fita azul.

O pai era um homem romântico, dizia-se barão e fugira da Alemanha por questões políticas. Conhecia grego e latim como gente grande e embora fosse de poucas falas, e muito retraído, quando por acaso as conveniências da sociedade o obrigavam a uma rápida palestra não havia barbacenense que não dissesse, quando ele se retirava, "que era um sujeito inteligente e culto pra cachorro". Passava dos quarenta anos, trajava-se rigorosamente de preto e em vez de gravata usava uma fita de cetim. E não largava o charuto nem o livro. Lia andando na rua, no percurso da casa para o Ginásio, onde lecionava e onde ganhava muito pouco. E como tinha a casa bem arrumada, vivia comprando livros por qualquer preço, e sua conta na venda de seu Pinto era a mais variada, não podia deixar de se aceitar como verdadeira a hipótese, se não da sua nobreza, ao menos que na terra natal tivera uma posição de abastança

CENAS DA VIDA BRASILEIRA

que lhe permitira refugiar-se em Barbacena com alguma coisa de seu. É preciso dizer que não viera ao azar para a cidade, viera diretamente, a convite de um amigo, que já morava em Barbacena e que soubera dos perigos que corria. Este amigo chegara em 1910, para professor do Ginásio, chamava-se doutor Hermann e fora companheiro de meninice e universidade do doutor Tauchnitz. Conhecia, por um desses caprichos da cultura germânica, esplendidamente a vida brasileira, e ao ficar tuberculoso em Hamburgo, rumara para Barbacena, certo de que escaparia. Mas três anos depois, um ano após a chegada do amigo, uma hemoptise o levou, numa tarde radiosa. Eram amigos, eram. Conversavam muito, mas com tão largos silêncios, como se estivessem calados. Uma palavra apenas bastava para que um compreendesse tudo o que o outro queria dizer. Barbacena sorria dos dois estranhos amigos. Iam pela rua, iam pelo campo em passeios depois do jantar, que era cedo, três ou quatro horas, cada um com seu livro e seu charuto acendendo e apagando. Como Hermann era baixo, de pernas curtas, com uma adiposidade que não lembraria nunca um tuberculoso, em pouco mais de quinhentos metros de trajeto estavam de tal modo distanciados que por ninguém passaria a ideia de que estavam passeando. E os mais amáveis cumprimentavam o professor da dianteira:

— Boa-tarde, senhor barão.

— Boa-tarde, senhor — levantava ele os olhos do livro.

— Sempre lendo, senhor barão?

— Não, senhor. Passeando com doutor Hermann.

O espetáculo da dor do doutor Tauchnitz, quando morreu o amigo, calou nos corações barbacenenses. Nem uma lágrima, nem um mover de músculo na face muito branca, nem um gesto despropositado. Sério e digno, acompanhou o amigo ao cemitério da Boa Morte. Sério e digno apertou a mão dos que o cumprimentaram no cemitério, como se fosse parente do doutor Hermann. Sério e digno voltou para casa, no outro dia deu aula, e continuou saindo todas as tardes depois do jantar, de charuto e livro, para passeios solitários, mas nos quais talvez sentisse ao lado a presença do amigo. Sério e digno respondeu a quem lhe perguntou se haveria missa de sétimo dia:

— Não, senhora. Doutor Hermann não acreditava.

Doutor Hermann morrera solteiro. A mulher do barão era incorpórea. Ninguém a via na rua. Vislumbrava-se a sua bela cabeleira loura e solta pelos cortinados brancos do chalé. E somente alguns vizinhos tinham o privilégio de conhecê-la por cumprimentos através das cercas de chuchu, quando ela descia à horta para cuidar das suas hortaliças. Doroteia era o elo entre a família do barão e a cidade. Era amável, sorridente, meiga e adorava gatos. O chalé do barão se tornara uma espécie de depósito de quanto gato deserdado houvesse na cidade. As portas tinham gateiras para o livre trânsito dos bichanos.

Poucos meses de chegada, Doroteia já manejava a língua com tanta facilidade que ninguém duvidaria se dissesse que nascera ali.

Quando o primeiro navio brasileiro foi a pique, o barão entrou no Ginásio com a mesma tranquilidade, mas ao subir para o estrado não abriu a pauta de presença. Colocou sobre ela a grande mão branca, na qual usava um anel de sinete, e sem olhar para ninguém, como se dirigisse a um Deus de que só ele soubesse a existência, disse:

— Senhores, eu sou alemão. Por algum motivo não estou na minha pátria. Agora sucederam fatos desastrosos. Acredito

CENAS DA VIDA BRASILEIRA

que o governo do Brasil saberá agir como deve. Por mim, senhores, morrerei em Barbacena. Mas de hoje em diante não lhes poderei dar aulas.

Nada mais disse naquele momento, nem depois. Cumprimentou os alunos, voltou para sua casa, donde só saía agora para os passeios no campo.

Mas quando foi da declaração de guerra e das manifestações populares de represália, alguém foi procurá-lo, solicitando que fugisse. Ele respondeu:

— Fugir por quê, senhor? Eu não fiz mal a ninguém.

— Sim, mas o senhor é alemão.

— Mas não fugirei, senhor.

E não fugiu. Apenas durante uma semana não fez o seu passeio, mas ficava à janela fumando seu charuto, lendo seu livro, vendo a tarde morrer.

No primeiro dia de manifestações, todos os colégios se fecharam. No segundo, porém, as aulas voltaram a funcionar e havia preleções de cada professor sobre a gravidade do acontecimento e a certeza de que seriam aniquilados os agressores do Brasil.

A diretora do Grupo mandara um recado ao barão, dizendo que achava prudente que a menina Doroteia não fosse às aulas, pelo menos naqueles dias mais próximos, porque ela não poderia evitar uma atitude desagradável por parte dos colegas, embora, estava visto, uma criança nada tivesse com os acontecimentos que se desenrolavam. Mais uma vez o barão usou da dignidade: respondeu à diretora que a menina Doroteia iria à aula porque ela era uma aluna do colégio e uma aluna do colégio não poderia faltar quando houvesse aula; mas que a permanência da filha no Grupo não poderia ser imposta por ele, nem pela diretora, mas sim por seus colegas.

E Doroteia, tal como nos outros dias, de mochila e tranças apertadinhas, marchou para o Grupo Escolar. Junto com os demais alunos, que se afastaram dela um tanto para ser notados, cantou o Hino à Bandeira, ao hastearem a bandeira.

E quando a turma em fila entrou na sala do segundo ano, ela esperou que todos entrassem e se sentassem para entrar então. Entrou, parou em frente à turma e perguntou:

— Vocês se incomodam que eu continue na escola?

Houve um silêncio, um rápido silêncio, logo quebrado por uma vozinha que gritou do fundo da sala — não! — e logo um enorme não! encheu a sala toda. E Doroteia de pé começou a chorar.

XVI

A igreja matriz não tem nada de extraordinário como construção, mas certamente tem interesse pelo tamanho que a torna triste e pela sobriedade, que é quase pobreza, de suas linhas.

Era pavimentada com lindas e sólidas tábuas de jacarandá e o eco dos passos dos crentes ressoavam pela nave surdamente, precipitando voos de andorinhas que faziam ninhos nos altos nichos nus e nas aberturas de luz, que eram lá no alto, em cantaria.

Nas grossas paredes dormiam o sono eterno vários cidadãos ilustres. Em tempos idos também sob as tábuas do assoalho eram recebidos os mortos mais importantes, pois que no amplo adro, à luz do Sol ou das estrelas, é que iam dormir os filhos menos importantes de Deus. Já porque a mão de terra sobre os defuntos não fosse suficiente, já porque as frestas entre as tábuas não fossem suficientemente calafetadas, a prática tinha os inconvenientes do ilustre morto estar presente não apenas no

CENAS DA VIDA BRASILEIRA

coração dos conterrâneos, mas também e desagradavelmente nas suas narinas.

— Arre, que o desembargador hoje está terrível! — desesperava-se um fiel companheiro de missa, que mergulhava o nariz num lenço empapado de água-de-colônia.

— Dona Domitília esteve pior.

— Que esperança!

E o desembargador vagava em gasosa forma por entre os ex-amigos de manilha ou voltarete.

Dia veio em que um indecente estado de coisas republicanas privou a confraria de enterrar os fiéis no chão de Deus. Até enquanto essa novidade de cemitério não foi compreendida como um ótimo negócio, houve rudes investidas contra "a onda de materialismo que invadiu a nossa estremecida pátria, berço riquíssimo de tantas virtudes cristãs!"

Durante anos a nave continuou com as suas tábuas de jacarandá belas, sólidas, de surdos sons. Mas o ardor progressista da padrecada, que dorme o dia inteiro na confortável casa paroquial erigida por esmolas ao pé do Asilo, substituiu-as por ladrilhos baratos que deram à ampla nave o aspecto de um vasto banheiro de empregada, e cuja frialdade no frio inverno barbacenense é o único responsável pelo reumatismo verificado no meio católico, reumatismo terrível que não há salicilato que dê jeito.

Mas não ficou no ladrilhamento as reformas dos condutores das almas. Criaram-se privilegiadas localidades, separadas dos rústicos bancos, onde se assenta o grosso do rebanho, por elegante balaustrada de madeira trabalhada e essas localidades têm assinantes, exatamente como um teatro lírico. E para provar que a religião não considera mais a eletricidade como uma invenção do diabo, dois na verdade bem fanhosos alto-falantes levam a palavra do sacerdote até o adro e derramam-na benignamente por toda a praça, pelos cafés, pelos bilhares, pelo ponto de ônibus, pondo no caminho da piedade e da verdadeira fé algumas travessas almas barbacenenses, tão facilmente conquistáveis pelo demônio em troca de promessas tolas e absurdas, tais como a instrução para todos os homens, a proteção à saúde para todos os homens, o equilíbrio financeiro de todos os homens, a possibilidade de subir de todos os homens, e escolas, asilos, sanatórios e orfanatos e mais utopias igualmente diabólicas e perigosas.

XVII

Dizia-me o homem:

— Eu queria era ver esses inimigos do divórcio casados com dona Zizi!

Dona Zizi era a esposa do homem.

XVIII

O velho tinha definições das mais curiosas. Eis uma, a de mulher: máquina para a gente dormir.

XIX

Numa cidade pequena todo mundo se conhece e o carteiro não tinha dificuldade em distribuir a correspondência. Bastava que no envelope constasse o nome do destinatário.

Mas uma cidade progressista precisa ter ruas com nomes e não como estavam elas — na memória dos habitantes, ou, em

CENAS DA VIDA BRASILEIRA

raras esquinas, em letras pintadas a mão, letras que a chuva e o sol já tinham por demais desbotado. O ativo prefeito — isso foi há muito tempo — mandou vir placas do Rio. Belíssimas placas como as do Rio, em esmalte azul e letras brancas. Com a maior imponência foram pregadas em todos os logradouros: rua 15 de Novembro, Beco 13 de Maio, rua 7 de Setembro (que o povo, para desespero do prefeito, teimava em continuar chamando de rua de Baixo), praça Conde de Prados, rua José Bonifácio (ex-rua da Boa Morte), praça da Inconfidência, etc. A Ladeira do Teatro, como não podia deixar de acontecer, foi mimoseada com outro nome.

Mas o prefeito achou que ainda não estava bem. Para uma cidade progressista não bastava ter ruas com placas, era preciso que houvesse numeração nas casas. E cobrando cinco milréis de cada morador — isso foi há muito tempo... — mandou buscar chapas no Rio. Vieram do mesmo azul das placas com os números do mesmo branco.

Certo empregado da prefeitura, que acumulava na vida privada as funções de sacristão, fogueteiro, cabo eleitoral e marido de uma mulata especialista em infidelidade, saiu com um carrinho de mão atulhado de chapas, um martelo e um pacote de pregos. Chegava na porta duma casa, empunhava o martelo, armava-se do prego e zás! chapava um número. Ao fim do dia uma boa parte do trabalho estava feita. Tomemos como exemplo a rua 15 de Novembro. A numeração ficou assim estabelecida: do lado esquerdo — 6, 121, 32, 78, 49, 101, etc. Do lado direito — 2, 20, 6, 80, 12, 49, etc. A rua José Bonifácio ficou ainda mais original. Tinha cinco 16 de um lado e quatro do outro. O pior foi despregar aquilo tudo; não houve chapa que não ficasse sem mossa, pois jamais uma chapa fora pregada com tanta energia como aquelas.

XX

Mil raios por minuto!

Dez minutos.

E o sol voltou a brilhar sobre as pedras já enxutas.

XXI

O Teatro Municipal estava mesmo uma vergonheira! Em vão a *A Noite*, vespertino da oposição, pela pena vibrante de Benedito Araújo, zurzia o lombo da politicalha reinante — a limpeza do teatro não se fazia. Porque um partido que se preza não vai fazer a vontade da oposição, mesmo que esta seja composta da fina flor da cidade, como era a oposição barbacenense.

Como oposição foi feita para berrar, berrava; mas como situação foi feita para mandar, mandava. O teatro ficava entregue às pulgas e quem lucrava com isto era seu Benedetti, que estava absoluto com seu cinema na rua 15.

Ora, seu Benedetti enjoava todo mundo com aquela história de só passar fita de Francisca Bertini e Pina Menichelli (quase todas as normalistas diziam Minixele), do apache Za-la-Mort, que atendia também por Emílio Chione, e da apachinete Za-la-Vie, que acabava sempre morrendo anavalhada num cabaré de Montmartre.

E além disso a máquina andava tão ordinária que não passava cinco minutos sem que a fita não se queimasse.

O senhor tenente intendente do Colégio Militar foi alvo da gratidão barbacenense. Tinha um cunhado no Rio que estava precisando arrumar a vida. Numa rápida deliberação o rapaz

CENAS DA VIDA BRASILEIRA

apareceu em Barbacena e montou o Cine Barbacenense, no andar térreo dum sobrado pegado à Câmara Municipal. Era pequeno mas limpo. Tinha sala de espera com cadeiras estofadas e flores artificiais em vasos de porcelana. Tinha um jornalzinho semanal, com concursos e prêmios, cadeiras austríacas na plateia, máquina nova — um cinema decente enfim. Os programas então nem se fala! Barbacena podia deixar às moscas os beijos de cinco partes do cinema carcamano. Porque o Cine Barbacenense só levava fita americana — o período cor-de-rosa do cinema americano, de ingenuidade e *far west*. A população de Barbacena foi então engrossada com William Farnum e seu irmão Dustin, Violet Merceraux, Fanny West, Dorothy Dalton, Gladys Brockwell, Wallace Read, William Howard, June Caprice (noiva do precedente, e que doutor Cruz tinha o gostinho de pronunciar Jiune Kêipriss, e cujo retrato acabou como marca comercial da Casa Isidoro), e Pearl White, Geraldine Farrar, Antonio Moreno, e o grande, o infinito Georges Walsh.

Seis meses depois da inauguração, numa sessão de honra, o cunhado do tenente intendente recebeu da sociedade barbacenense uma medalha de ouro pela exibição do filme "Brutalidade", no qual Georges Walsh, de cabelo escorrendo na testa, dava um bofetão infernal na mulher importante que viera de Nova York para fazer pouco dos *cowboys*.

Barbacena sabia reconhecer os méritos!

XXII

O cemitério é que é comum, mas há dois cinemas, dois jornais, dois coros na matriz, dois cabeleireiros de senhoras, duas sorveterias, dois clubes, dois ranchos carnavalescos, dois tudo, enfim, porque há dois partidos políticos, águas que não se unem e lutam sempre, se não mais em eleições políticas — ó tempo saudoso de paixão e foguetes! — ao menos em eleições de diretorias da Santa Casa, de Princesas da Primavera, de Rainha dos Estudantes, etc., treino útil para não perder o costume.

XXIII

Fulano é contra o divórcio:

— Pouca vergonha!

Vive com uma mulata, tem dois filhos com ela, mas não são legitimados. Como bom católico, compreende que são filhos do pecado.

— Família é família, meu amigo. Coisa sagrada!

E anda de opa roxa segurando tochas nas procissões, e na procissão do enterro, que é de noite, defende a careca com um lenço para não se constipar.

XXIV

Não sei nem quero saber do atual movimento futebolístico regido pela Liga Barbacenense. Satisfaço-me com a lembrança de que em 1917 o Olimpic — glorioso azul e branco — já vencia os quadros de Lafaiete, São João del-Rei e Palmira, em disputas memoráveis. Vencia também o Independente, quadro do remoto bairro do Sanatório, que tinha como centromédio e vigoroso esteio esportivo e administrativo a figura de Guilherme, qualquer coisa na prefeitura e flautista do Cine São José.

CENAS DA VIDA BRASILEIRA 151

Mas não conseguia vencer os quadros do Colégio Militar, o que constituía fonte perene de tantas mágoas olímpicas.

E deste velho futebol cabe aqui registrar algumas reminiscências.

Quanto ao distintivo: na inexistência de distintivos de metal e esmalte, como os havia para os clubes do Rio e São Paulo e que ficaria caro mandar fazer, na ingenuidade de se ignorar que a cidade sabia perfeitamente quem era adepto do Olimpic ou não, mães, irmãs, noivas e namoradas tomavam a constante deliberação de fabricarem domesticamente os emblemas, cosendo duas fitas, azul e branca, e cobrindo assim prosaicos botões de osso, que eram pregados então nas lapelas dos homens e no peito das senhoritas e das crianças. A razão da incessante deliberação é que o branco e o azul muito claro eram cores que sujavam por demais, de sorte que os distintivos estavam sempre precisando ser substituídos por questão de decoro, já se vê.

Quanto às chuteiras: salvo um ou outro elemento desvairadamente esportivo, que não concebia o esporte sem uma elegância absolutamente de acordo com a dos craques cariocas ou paulistanos, os valentes defensores do Olimpic, rapazes pobres, pobres estudantes, não possuíam "chuteiras especializadas". Para eles, o senhor Rômulo Stefani, da Sapataria Trieste, fabricava umas extraordinárias botinas de vaqueta crua, ótimas durante a semana para o serviço e não menos resistentes aos domingos para a prática daquilo que o cronista esportivo mais conhecido da cidade chamava de "nobre esporte bretão", o que não era nada para quem pensava que hulha-branca era algodão.

Quanto à bola: esta matéria imprescindível no futebol, o único material imprescindível mesmo no futebol, era fielmente guardada por um rapaz que não jogava, mas que era o mais destacado e entusiasmado desportista barbacenense. Pintalgado de sardas, com um eterno boné escocês enfiado até os olhos, era a maior autoridade local em termos, regras e variedades futebolísticas. O exagerado uso da pelota era o responsável por várias emendas na capota feitas conscienciosamente na oficina do senhor Stefani. O bilro desta bola, levemente ovalada, que durou mais ou menos cinco anos de chutes, era desde a juventude um elemento recalcitrante. Custava muito a ser enfiado para dentro da capota e não raro em pleno jogo saía e ficava indecentemente para fora, o que obrigava a se interromper a partida, reunirem-se os jogadores, e demorarem quinze ou vinte minutos no meio do campo na dificílima operação de fazer o bilro voltar ao seu escondido lugar.

Quanto ao campo: o campo oficial era o mesmo do Colégio Militar. Ficava no aterro ao pé deste estabelecimento, separado dele pela estrada de ferro e distante do centro da cidade uns quatro quilômetros de bonitas ladeiras. Não era gramado. Se chovera antes, por mais heroico que fosse um jogador, não passava dois minutos em pé e transformava-se numa coisa pouco diferente dum tijolo. Não primava em absoluto pelo nivelamento. O gol que dava costas para o hospício era pelo menos meio metro mais alto do que o outro. As marcações regulamentares eram feitas com cal, como nos mais adiantados centros esportivos, mas em cinco minutos de jogo já não havia sinal delas, de maneira que o juiz podia se tornar o mais arbitrário dos homens e uma penalidade máxima tanto podia ser marcada a dez passos do gol, como a cinquenta — dependia das simpatias e o juiz podia se defender de qualquer acusação alegando que não havia risca no campo.

CENAS DA VIDA BRASILEIRA

Não era cercado. De um lado havia a linha férrea, já mencionada, e de todos os outros, perigosos precipícios de barro. Nenhum extrema deixou, por menos de dez vezes na sua carreira futebolística, de despencar por aqueles precipícios abaixo, quando, no entusiasmo das escapadas, não podia parar após perder a pelota.

Quanto aos torcedores: possuidores de invulgar ardor, invadiam parcialmente o campo a cada minuto, para acompanhar as peripécias de uma investida e totalmente, no intervalo, quando faziam questão de dar também os seus chutes.

Quanto aos jogadores: destacamos — Pedrinho Massena, recordista em não despencar pelos barrancos: só o fez sete vezes, duas numa mesma peleja; exímio chutador com o pé esquerdo, mas só com o pé esquerdo; usava carapuça de meia na cabeça. Gomes, golquíper, parece que tinha goma-arábica nas mãos — bola que ele pegasse não largava, mesmo quando todo quadro contrário vinha chutá-lo nas mais variadas partes do corpo; infelizmente raras vezes os elementos do Colégio Militar deixaram que ele pegasse uma bola. Zé Trindade, beque, coragem de leão, especialista em atingir o céu com a bola, que quando caía era sempre em cima do seu gol, causando uma trapalhada dos diabos. Mário Dufles, que jogava em qualquer posição, o construtor de todas as vitórias, o que fazia todas as derrotas parecerem menos vergonhosas; estudava Engenharia em Ouro Preto, chegava aos domingos para o jogo, era o ídolo da torcida; rapaz excelente, que a morte levou pouco depois de formado, quando construía uma estrada de rodagem de Barbacena a Sítio, onde nascera. Wilson, gordo e baixo, zagueiro, chute terrível, calções escandalosamente curtos. Oto, meia-direita, falava mais do que jogava, brigava no fim do jogo com os companheiros. E Waldemar, que veio com uma fama danada de Juiz de Fora e que afinal dava mais canelada nos adversários do que chutes na bola.

Quanto aos jogos: realmente eles começavam na praça da Inconfidência, onde se reuniam jogadores e torcedores para enfrentar os quatro quilômetros de ladeiras que os separavam do campo. Formada a caravana, formava-se o berreiro: Aleguá-guá-guá! Aleguá-guá-guá! O nome do Olimpic e dos principais jogadores eram estrondosamente ovacionados. E era bom que fosse assim na ida, pois na volta, se o jogo fosse contra o Colégio Militar, não poderia haver entusiasmo. O resultado era sempre desastroso e a volta se fazia calada, com a noite caindo. E até uma boa parte do caminho chegava o eco do coro dos rapazes do Colégio:

> *"Biribiribi, quá, quá!*
> *Mais uma surra pra variá."*

Doía muito!

XXV

Barbacena é mais o passado. O meu passado, ó rapazes e raparigas do jardim.

XXVI

Partida solitária, sob um céu plúmbeo, ameaçador. Adeus, Barbacena, nunca mais nos veremos! Já não és Barbacena, és outra coisa — paralelepipedada, ornada de globos lácteos, calçada de ladrilhos por todos os passeios, terrivelmente medíocre. A Barbacena verdadeira, de terra batida, terra que o vento

CENAS DA VIDA BRASILEIRA

levantava em turbilhões, a Barbacena que eu amei, esta ficou no passado perdida, mas ainda cantará, por vezes, no fundo do meu coração.

Adeus, tia! Adeus, primos! a família está minguando. Respondem com sorrisos, não suspeitam os meus sofrimentos, no íntimo me reconhecem como um estranho, estranho de ideias, que é a mais completa forma de ser-se estranho. Abraço os corpos como se partisse para o infinito. Quando dou por mim, o ônibus parou nos limites do Pau-de-Barba. Bebe gasolina e arranca pelas estradas. E da inutilidade das buzinas — era uma vez duas galinhas!

A estrada está molhada, sem poeira. Uma, a toda branca, ficou batendo as asas como se me dissesse adeus.

— Adeus!

(1942)

RESENDE

I

O pequeno engraxate cantava o freguês forasteiro para uma entradinha de cinema. O freguês caiu:

— Quanto é, hem, menino?

— Fita de amor, dez tostões, mas de mocinho, quinhentos réis.

II

Era doido por remédio. De quando em quando entrava numa farmácia e perguntava:

— O senhor não tem uma novidadezinha?

(1931)

MIGUEL PEREIRA

I

Conversinha de hotel:

— A religião é um freio.

— Não sou cavalo.

II

Balancete do festival em benefício da Caixa Escolar:

Renda.............................	110$000
Despesa com pães e mortadela	105$000
Saldo	5$000

III

Profunda comoção na cidade: os craques cariocas virão repousar uma semana para o jogo contra os paulistas!

(1941)

BURNIER

Quarenta casas, se tanto. E a igreja de um milhão e quatrocentos mil cruzeiros!

(1943)

TEBAS DE LEOPOLDINA

Regulamento de uma pequena farmácia:

1) Da ordem da farmacopeia brasileira: todo o doente deve respeitar o seu modo ou uso dos medicamentos os quais submetem. Não em extravagância.

2) Em que o doente não deve submeter tratamentos de alguns sais ou alcaloide em vista de suas boas apresentações em uso dos referidos remédios para poder receitá-los de novo: quanto a este sentido do 1º artigo e do 2º, a bem de referido doente e do farmacêutico.

3) Não submeto a tratamento em vista do médico tiver em sua clínica, e não atendo chamado de pessoa de grande pecúlio, e apenas exclusivamente de remediados ou da Pobreza.

4) Como prático habilitado, atendo chamado de acordo com o artigo 3º cobrando viagem e receitas na referida farmácia, "légua 10$000 e em casa 5$000 e fora das horas do dia 20$000 por légua e assim em vista de mais alguns trabalhos".

5) Os pagamentos serão feitos à vista da entrega dos remédios e viagens feitas de acordo em minha ordem.

6) Definitivamente, não se vende a prazo a quem quer que seja, apenas por ordem dos patrões, isto em boa garantia.

7) Ficará ao meu encargo do tratamento, por minha pessoa em toda a responsabilidade, por ter consciência no que estou fazendo e quanto aos fregueses não ter escrúpulo em meus remédios manipulados.

8) Farei todo o possível de servir aos fins necessários da farmácia, quanto à boa ordem da nossa Pátria Brasileira.

(1937)

VITÓRIA

I

O navio largou o mar azul e entrou pelo canal azul ziguezagueando na manhã deslumbrante. Um sol radioso iluminava as pequenas ilhas verdes, estendia-se pela praia Comprida pondo ouro em cada fachada dos bangalôs. E à esquerda alteava-se o convento da Penha, velho, duma velhice colonial e austera, sempre nova no meio das pedras eriçadas. Ao sopé o que se vê é uma cidade encantada — a pequena Vila Velha, onde nasceu a cidade que os índios atacavam — porque o sol tira da taipa, da cal, da areia, das casinhas humildes, brilhos, fogos, faíscas, jorros de ouro, fulgores de pedrarias, como de um tesouro aberto.

Dona Odaléa Flores se achega armada da codaque caixão. Dona Odaléa Flores, há vinte e oito anos moradora na rua Uruguai, aproveitou uma comissão do marido, funcionário do Fomento Agrícola, para descobrir e fotografar o Norte do Brasil. O ideal seria fazê-lo trajando calças de casimira cinzenta e com um cigarrinho Continental queimando por si no verme-

CENAS DA VIDA BRASILEIRA

lho da boca polpuda. O marido, porém, é esquisito, acha que calça não é indumentária feminina. "— Você é muito antipático com estas coisas, João!" E como dona Odaléa Flores afinal respeita o homem que aceitou, há dez anos passados, como legítimo esposo, contenta-se com uns óculos pretos, uns barulhentos tamancos de praia e uma suéter de jérsei que — e ela sabe — põe em bastante evidência as bem apreciáveis linhas do seu busto.

O convento e a Vila Velha foram fotografados.

— Parece que saiu bem.

— Certamente, dona Odaléa.

Dona Odaléa não tem muita confiança na sua habilidade fotográfica, e o marido é o pessimismo em figura de gente:

— Muita luz, vai sair tudo preto.

É isso mesmo — muita luz! E cortando água e luz, o navio espremeu-se entre o Penedo, obra de Deus, e o clube Saldanha da Gama, obra não sei de quem — pintalgado de maiôs, de peitos nus, de músculos em remadas campeãs, de barquinhos leves deslizando na água serena. E a cidade apareceu, dentro da baía, pequena e gentil, escorregando da montanha para o mar como se fosse levada por uma enxurrada, com a magra ponte metálica ao fundo ligando ilha e continente.

Dona Odaléa Flores assestou mais uma vez a codaque:

— Parece um presépio, não é?

II

O pequeno industrial recebeu o telegrama de um dos seus vendedores no interior: "Espeto omissão rendas janeiro pt Abril".

É preciso uma estranha sabedoria para se compreender o telégrafo nacional. Ele tinha essa sabedoria. E leu: "Espero comissão vendas janeiro pt Abílio".

III

"Vitória, hoje deste mês, do corrente ano. Senhorita Aurora: Há muito tempo que desejava escrever-lhe, hesitava, porém, entre o receio da minha carta ser pela senhorita desprezada e a esperança de a receber com agrado. Tenho lutado bastante comigo e afinal sempre o receio cedeu o campo à esperança e vou hoje finalmente apresentar-lhe a confissão do sentimento que a senhorita fez nascer no meu coração. Creia, amo-a muito, não por ser bela, o que só desperta admiração e não é qualidade suficiente para produzir o amor. Mas o que me obrigou foi esse complemento de qualidades morais que embelezam o coração da senhorita. Direi que esse amor que me domina não é esse sentimento ordinário e rasteiro que busca por distração trocar-se entre dois entes de sexo diferente, mas sim um amor impetuoso, uma paixão ardente. Tal é como a amo. Resta-me só, para que seja feliz, que a senhorita aceite, com agrado a minha confissão singela, tão vinda do fundo do meu coração. Conceda-me, pois, a realidade dos meus prazenteiros sonhos, diga-me que aceita o amor puro, de que foi a causa predominante e a minha felicidade será então preenchida. Com toda a estima e a máxima consideração — A. F."

IV

A mãe piedosa contava que Jesus foi vendido por trinta dinheiros. Ao que o pequeno perguntou:

— Barato ou caro?

V

Dona Cesária ficou viúva com cinquenta anos. Viúva rica porque afinal trezentos e poucos contos não deixam de ser quantia estimável. José Felipe (o pai era árabe) tinha vinte e três anos. Toda gente sabe do caso, mas por Deus não culpem dona Cesária! O amor é cego, o amor não tem idade, o amor principalmente é um hábito. Não se perde um hábito assim duma hora para outra. E José Felipe era possivelmente um rapaz insinuante. Seis meses após o dia lacrimoso em que fechou a tampa de um caixão, dona Cesária, de seda lilás, compareceu ao Fórum local e passou a ter outro sobrenome. O triste é dizer-se que ao jovem Felipe nem o hábito foi que o levou a tal passo. Foi o interesse, que se não é uma forma de amor, é certamente uma das formas sob as quais o casamento pode se apresentar. Felipe tinha ambições. A maior delas era ficar viúvo o mais cedo possível (toda gente sabe do caso), e com os trezentos e poucos contos para empregar de acordo com os seus sonhos. E o jovem marido passou a executar um plano deliberadamente concebido — arrastar os cinquenta gastos anos para toda sorte de extravagâncias, que é própria dos vinte e três. Noitadas, danças, gelados, correrias de automóvel pelas noites de inverno em trajes de verão, ceias terríveis de indigestas bebedeiras, excessos, serenatas, loucuras! Dona Cesária era uma esposa fiel e amiga — acompanhava-o em tudo, como é da lição bíblica. Mas tudo tem o seu fim. Zé Felipe teve-o. Ao cabo de seis meses dessa vida desordenada, apanhou uma galopante e dona Cesária fechou mais um caixão para a terra esconder.

(1940)

ENTRE RIOS

Era assim há cinquenta anos. Daqui a cinquenta anos será assim. Comida miserável, calor desesperante, poeira de carvão. Moscas, moscas, milhões de moscas. Farrapos miseráveis cobrindo corpos miseráveis.

(1942)

PINHEIRAL

Hoje enterramos o grande homem da terra que pela vontade da mulher, menos que a do povo, veio repousar no cemitério da sua cidade natal. Morreu moço e sua vida foi um exemplo de trabalho e capacidade.

Filho único, o pai tinha uma fazendola nos arredores de Pinheiral. Formou-se em Farmácia, o que mais não lhe custou que uns poucos contos de réis, tão fácil é se formar numa escola superior. E com o diploma competentemente registrado, no canudo de lata, ao abrigo das traças e baratas, montou a Farmácia Minerva, no velho sobrado cinzento, que hoje, na praça principal defronta o seu busto em bronze, obra de imortal artista ítalo-paulistano. Ao fim de dois anos a botica fechava as portas, o grupinho que ali se reunia para politicar e cortar na vida alheia passou a fazê-lo na nova sorveteria, e o sobrado passou a ser um bilhar, de bolas grandes como elefantes e tabelas duras como pedra. Morrendo o velho, neste ínterim, o farmacêutico se improvisa em fazendeiro, e exatamente após dois anos de gestão havia uma hipoteca de duzentos contos difícil de liquidar. Mas a capacidade do homem era tremenda,

CENAS DA VIDA BRASILEIRA

não lhe sufocaram o ardor os dois insucessos iniciais da sua vida. E, como a sorte acompanha sempre os homens arrojados, vem a Revolução. O homem mete-se nela e dela saiu com um emprego de três contos e quinhentos na administração do estado, cargo que mais tarde foi muito justamente elevado para cinco pacotes, atendendo à carestia da vida e à responsabilidade do posto. E aí então é que se revela a extraordinária capacidade, cuja evidência a admiração pública transformou em busto na praça, em retrato no Fórum, em nome de grupo escolar (onde ele estudara as primeiras letras), em nome de hospital, em nome de avenida, em nome de troféu esportivo, etc. etc. Em menos de cinco anos, a fazenda estava desipotecada, reformada, mobiliada nas melhores casas de móveis do Rio de Janeiro — geladeira elétrica, rádio e vitrola, duchas, refrigeração, etc. Tinha piscina, um jardim primoroso, bela varanda para o pôquer dos domingos, bois de trezentos contos, duas mil galinhas de raça (todas brancas), e uma bonita estrada macadamizada, que reduzia a dez minutos de automóvel a meia hora que antes distanciava a fazenda da cidade. Tinha dinheiro nos bancos, montou uma fábrica de tecidos (um grande melhoramento local), comprou a maioria das ações da Empresa Rodoviária Raio Azul, e acabava em plena Esplanada do Castelo (no Rio, onde passou a viver seis meses por ano), o Edifício Eunice (em homenagem à querida esposa), monumental construção de vinte e tantos andares, quando a morte o colheu desprevenidamente sob a forma de edema pulmonar.

E dizer-se que este homem não deixou filhos para continuar a sua grandiosa obra!

(1942)

ANTÔNIO CARLOS

Um bosque! Será que estamos no Brasil?

(1942)

RECREIO

Os pequeninos carregadores de Recreio andam todos de pé no chão e têm plaquinhas no chapéu-molambo ou na camisa-molambo. Atacam com maior entusiasmo as janelinhas do trem, mas só gostam de carregar embrulhos e mostrar o caminho do hotel. As malas, quem as carrega são os passageiros mesmo.

OURO PRETO

I

Descemos no aeroporto da Pampulha e caímos nos braços dos nossos caros mineiros. Lá estavam eles, ao sol, com o Zé Morais e o Sérvulo Tavares à frente, para nos levar a Ouro Preto. Lá é que seria a festança. Comemorava-se o dia de Tiradentes, que é o dia de Minas Gerais, e abria-se a nova estrada que reduz para uma hora e pouco as cinco horas que se levava de Belo Horizonte à antiga Vila Rica.

A estrada é larga e vermelha. Um dia será larga e asfaltada. Para isso precisa ser consolidada e conseguir-se a grana. Por enquanto Deus é que ajuda com as suas chuvas a não virarmos tijolo, tijolo sanguíneo da terra que é ferro só.

CENAS DA VIDA BRASILEIRA

Pelo percurso, cortado de cartazes louvando a política do binômio energia e transporte, formavam, de espaço a espaço, os exércitos motorizados do Juscelino — tratores amarelos, escavadeiras amarelas, compressoras amarelas, caminhões amarelos, todos com os radiadores floridos com flores de quaresma. Ao lado ajuntava-se o povo, povo humilde das beiras de estrada, e os operários volantes que amanhã já estarão mais adiante rompendo novas estradas. Engenheiros, auxiliares, mestres de obras, ostentam a farda característica de cáqui e perneiras. E esperam todos a passagem do governador para saudá-lo convenientemente.

Não custa fazer um pouco de graça. Para-se o automóvel e grita-se com o maior ardor:

— Viva o deputado Chevrolet Barbalho!

E o povo unânime:

— Viva!

— Viva o senador Buick de Oliveira!

E o povo sempre ingênuo responde com vivório e palmas. E depois da graçola com tão altas dignidades políticas, é tocar para a frente e ir almoçar em Itabirito.

Itabirito está fervendo de festança — moça na rua, botina rangedeira, colégio formado, irmã de caridade passando bilhete de tômbola, cujo primeiro prêmio é uma esplêndida radiola. Como a tômbola é para o hospital, não custa comprar algumas, assinando o canhoto do talão com nomes de severas personalidades nacionais, dando como endereço as mais suspeitas ruas do Rio de Janeiro. Porque caridade é assim, meus senhores — discreta.

Como os ovos não são de granja, são frescos e saborosos. Como a carne não é de frigorífico, é sangrenta e macia. Os pastéis, infelizmente, tinham mais gordura que o poeta Augusto Frederico

MARQUES REBELO

Schmidt. Mas era uma gordura limpa. E com algumas cacha-cinhas para quebrar a maldade, batemos para a terra de Marília.

II

Para uma alma sensível, chegar a Ouro Preto é sempre comovente. E de repente a estrada do Juscelino faz uma curva e a gente dá de cara com a cidade escorregando do morro.

O poeta Cipriano Vitureira, que é uruguaio e visita o Brasil, emudece de ternura. Eis à sua frente a cidade do ouro antigo, a eternidade do Aleijadinho. Em cada crista uma igreja com seu cemitério ao lado. Em cada encosta o casario despencando. E o automóvel começa a pular como cabrito no calçamento felizmente antigo. Se o freio falhar era uma vez seis visitantes ilustres. Mas os freios não falham. O carro serpenteia pelas estreitas ruas de sobradinhos, rótulas, vistosas caiações, estudantes; atravessa a rua do comércio, geme para subir a ladeira do hotel, estaca diante da rampa do Niemeyer.

Há um carro na frente e dele saem com ar digno o senhor Francisco Campos e o comerciante Augusto Frederico Schmidt.

Como é público e notório, eu não aprecio nem um nem outro. Aprecio muito menos o comerciante por motivos, digamos, íntimos, assunto que remonta aos tempos de escola primária, escola da qual o comerciante jamais passou. Sinto vontade até, por vezes, de gestos bruscos contra a integridade poética do referido comerciante. Vontade, por exemplo, de recitar-lhe uma versalhada sua para ver se ele suporta tanta asneira semirritmada. Há encontros que dão azar e é preciso manipular as figas para sossego da alma. Manipulo meu olhar heroico enfrentando a poética deteriorada. Mas, louvado seja Deus (o Deus do comerciante), que Schmidt é hábil. É essa habilidade, aliás, que torna a

CENAS DA VIDA BRASILEIRA

sua vida um acidente próspero e sem complicações com a justiça terrena. Com delicadeza de namorada emburrada, o inimigo de Vargas foge com os olhos como se não visse rastejando no mundo o humilde colega de escola primária. Para dar mais naturalidade a seus românticos pendores, o homem das areias monazíticas atira fora o charuto da prosperidade nos canteiros que já foram feitos por Burle Marx e hoje são cuidados pelo vento e pela chuva. Atira fora o charuto e sobe a rampa com os braços prontos para abraçar todas as pessoas importantes, tenham elas o juízo que tiverem dele. Atrás vai o seu ídolo, que de tarde será o orador sublime da comemoração.

E o hotel, tão sossegado nos dias de todo o ano, fervilha agora. Políticos e politicoides, jornalistas e puxa-sacos, burocratas e vigaristas, senhoras e senhoritas, emprestam aos amplos salões o ar de cassino para que foram feitos, embora não tivessem cumprido tão patriótico destino.

III

O que atrapalha o grande largo ouro-pretano é o monumento a Tiradentes. Que belo seria se fosse simples, simples como foi a vida do herói que simboliza, simples como o casario em volta, de sóbrias linhas coloniais. Mas não é. É pedante, fricoteiro, altíssimo e perturba com sua altura e pedantismo a pureza secular do largo.

Mas como a tarde estava linda e lindas estavam as crianças das escolas formadas à volta do monumento com bandeirinhas nas mãos, suportava-se a indignidade estatuária e esperávamos tranquilos a chegada do governador Juscelino Kubitschek.

E às cinco horas chegava ele precedido por ensurdecedoras sirenes do batalhão da guarda. O palanque encheu-se e a solenidade começou. Começou com atividades protocolares. Precisa-se dizer que Minas agora tem protocolo. E o encarregado desta civilizadora função é um rapaz rigoroso como um déspota. Subindo três degraus do palanque, explicou rapidamente ao governador os passos que tinha de dar. Como protocolista perfeito, não confiava muito nos governadores. E marcou no paralelepípedo da praça, com giz escolar, os lugares onde o governador devia parar e ouvir uma clarinada; depois o lugar mais adiante onde ele devia receber das mãos de oficiais a coroa que depositaria ao pé da estátua. Isso, que é uma coisa muito bonita, foi seguida à risca pelo governador. Aconselhamos, porém, ao jovem protocolista que substitua o giz pelo piche, porque se vier uma chuva não protocolar ele poderá um dia perder o seu trabalho e os governadores não saberão onde parar e onde pisar. Felizmente não choveu. A coroa foi depositada convenientemente na base do monumento. E o governador voltou são e salvo ao palanque onde o microfone o esperava. Foi um improviso e há que louvar a facilidade do orador. Se algumas vezes foi levado a fazer frases, quase sempre andou no caminho da boa oratória; ficou em alguns momentos emocionado e transmitiu aos demais essa emoção. Sobretudo falou o tempo justo e necessário para ser ouvido com atenção e respeito, o que é um segredo dos oradores natos.

IV

Se o governador Juscelino Kubitschek, na sua oração, emocionou-se em alguns momentos e transmitiu aos demais essa emoção, o mesmo não se pode dizer do sr. Francisco Campos, que o seguiu no microfone e de papelório em punho, durante uma hora, surrou os ouvidos alheios com uma arenga que não tinha o

CENAS DA VIDA BRASILEIRA

menor propósito na oportunidade. O que o sr. Francisco Campos disse é assunto sabido e que aparece seguidamente nas colunas jornalísticas. Naturalmente poderá ser repisado, deve-o até, mas para isso existem as colunas dos jornais, lidas por quem goste, ou as associações comerciais, a cujas sessões só comparecem os interessados. Mas aproveitar uma festa da nacionalidade para nos aplicar uma conferência sobre o abandono dos campos, francamente não está direito. Porque, por mais impertinente que seja o sr. Francisco Campos, o significado da festa obrigava pelo menos a não dar vaia.

De vez em quando o conferencista parava. Quatro ou cinco elementos da sua claque rompiam em palmas. As fisionomias em volta ganhavam um ar de alívio. As infelizes criancinhas em pé cuidavam que já terminara o martírio que nenhum Tiradentes sofreu e estrugiam em palmas e berreiro acreditando que havia acabado o suplício. Mas o suplício prosseguia depois do copo d'água ou de um pigarro de limpar garganta ou, pior, de um olhar em volta, olhar vaidoso de quem colhe a aprovação pelo esclarecimento de todos aqueles espíritos. E os habitantes do palanque sorriam um desgraçado sorriso amarelo, olhavam para o papelório inextinguível, apoiavam-se ora numa ora noutra perna para aguentar a enxurrada de lugares-comuns, de falso conhecimento e de falso patriotismo.

Tudo o que o sr. Francisco Campos disse na sua conferência já foi ridicularizado suficientemente em todos os jornais. Sobra-me apenas um pequenino detalhe que em nenhum deles vi consignado. Foi quando lamentou a falta de "matéria cinzenta". Não, sr. Francisco Campos, não há falta de "matéria cinzenta". O que tem havido é que a nossa educação secundária há uns vinte anos para cá tem um tal sistema que dificilmente poderá melhorar a nossa "matéria cinzenta". E este plano educacional que deixa a juventude brasileira num dos mais baixos níveis de que há história no mundo, devemo-lo exclusivamente ao sr. ministro da Educação dr. Francisco Campos, se não me falha a memória.

(1953)

CURVELO

I

Aconteceu em Curvelo com as sementes distribuídas pelo estado para intensificação do plantio do algodão. De um lado deu algodão, com lagarta. Do outro, deu quiabo.

II

Cansado de cinquenta anos de fazenda, o velho deixou-a nas mãos do filho e veio acabar a vida na cidade, trazendo o neto com ele. Para o rapaz, que era o único neto, foi um céu aberto — meteu-se na farra. Dinheiro corria como água (o velho de rédeas frouxas), acabou por nem mais dormir em casa.

Era preciso pôr cobro à doidice. Mas o velho tinha escrúpulos, não queria ser injusto com o rapaz. Depositava confiança no farmacêutico, correligionário político (da oposição ali no duro!), homem de capacidade e respeito. Procurou-o, portanto, para saber tudo muito direito e então, sim, fechar a bolsa e chamar o rapaz às falas... Fez uns rodeios, depois entrou no assunto:

— Compadre, me informe. Esse tal de "cambaré" é jogo ou bebida?

(1943)

SÃO MANUEL

Por mil e oitocentos ao dia, e a seco, Marcelino, verdadeiramente Antônio Marcelino da Silva, trabalhava toda santa semana, das seis da manhã às seis da tarde, no rabo da enxada. No domingo descansava. Comprava por dois mil-réis um pacote de fósforos na venda de seu Garibaldi, verdadeiramente Jacomo Paulucci Garibaldi, e saía vendendo as dez caixinhas por duzentos réis cada uma. Mas São Manuel é tão pequena, e fósforo é artigo tão banal no bolso dos homens, que a tarefa de esgotar a mercadoria exigia de Marcelino uma atividade extraordinária. De noitinha, estava arrasado, sentado num portal da farmácia. José César riu:

— Como é, Marcelino, vendeu os fósforos todos?

— Vendi, nhô Cesa.

— Mas se você vende pelo mesmo preço que compra não ganha nada.

— Eu não vendo para ganhar não, nhô Cesa. Eu gosto é de vender.

(1936)

MIRAÍ

I

Registro civil: Céu Azul Soares, Vírgula Soares, Cedilha Augusta Soares, Chapéu de Feltro Ferreira e Janeiro Fevereiro Março da Silva Abril.

II

O reverendo está no telhado da igreja?! Não, é um urubu mesmo.

(1942)

CATAGUASES

I

O caminho para o Ginásio é batido de sol. Amasso algumas saúvas sob os pés e o raciocínio é quase patriótico: "Uma formiga de menos para bem do meu Brasil." E imagino, imediatamente, que haveria virtude em que o homem fosse uma segunda centopeia, centopeia utilíssima, principalmente se tivesse de ir para o Ginásio, como eu, pelo caminho ensolarado, que as saúvas atravessam mais ou menos impunemente.

II

Os dias para Dedé e Bárbara são repletos de miraculosas aventuras. Hoje, num passeio pelo campo, acharam exatamente dezoito pedrinhas redondas e brancas. Na volta, houve compridas conversações com as bonecas.

III

Na boca da noite, fria como o diabo, correu a notícia: o amigo Vasco tinha tirado cem contos na loteria.

Era verdade. A cidade não dormiu.

IV

Essa história de bom gosto não é muito fácil, nem muito comum. Vem Fulano e diz: "Meu Deus, que coisa horrível!" E a coisa é linda. E isto acontece a respeito de tudo, seja prosa, seja poesia, seja música, seja arquitetura, ou dança.

É difícil estabelecer os limites do requinte e eu não quero insinuar nada. Mas aqui estou nesta varanda idealizada por Oscar Niemeyer, que também vai fazer o novo prédio do Ginásio, ouvindo alguma música de Bach ou de Poulenc, separados por trezentos anos, mas tão finos, tão dentro da verdade musical, um como o outro, somente que o primeiro tinha mais gênio, e o outro, afinal sofre o prejuízo de ser contemporâneo de Hitler, Mussolini e outros ditadores. Lá embaixo o rio Pomba está correndo, e a gente sente que ele se arrepia de vergonha por ter que passar debaixo da ponte metálica. Mas a vida obriga a muitas dessas tristes contingências. E o rio passa debaixo da ponte e vai correndo, depois, feliz, contemplando coisas mais belas — jabuticabeiras, ingazeiros, montes, estrelas, um e outro pássaro, coisas enfim que não foram feitas pela Diretoria de Obras do Estado. Mas quando irá encontrar na sua descida, outra varanda tão bela, tão brasil, tão fresca, como esta que o carioca Oscar Niemeyer arquitetou para o mineiro Francisco Inácio Peixoto?

V

Li a inscrição tumular: "Já fui o que tu és, serás o que sou." O sol despenca. Lembro-me de um cemitério no Saara. Nem uma árvore! Será que os mortos cataguasenses, tais como os vivos, também não precisam de sombra?

VI

— Pode haver cachorro inteligente, mas como Baita, duvido — dizia-me o dono desse ser incomparável, que é uma mistura rigorosamente igual de policial com perdigueiro.

Entre outras habilidades Baita tomava conta da venda, fazia trocos, não vendia para José Cazuza, que é um notável caloteiro, tocava violão e mudava fralda em criança pequena.

VII

Foi um crime bárbaro. Donga, o assassinado, tinha dezoito anos. Foi se interpor numa briga entre colegas e Malaquias passou-lhe a faca de sapateiro na carótida — o sangue todo escorreu do corpo e Malaquias está na cadeia.

CENAS DA VIDA BRASILEIRA 175

— Ora — diz Dedé, que se iniciou este mês no ABC do Grupo — Donga é feliz. Morreu e está no céu gozando, enquanto Malaquias está sofrendo na cadeia.

Mas Bárbara tem lá os seus raciocínios de cinco anos:

— É, mas a morte é muito mais perigosa que a cadeia.

(1943)

LEOPOLDINA

I

Eleutério me dizia:

— As últimas novidades da terra são o bispado e a fábrica de tecidos. A segunda certamente é mais importante — trouxe trabalho para muitos braços. O trabalho não é lá muito bem pago, verdade seja dita, mas sempre é trabalho, Deus meu, e a vila operária da fábrica está decentezinha, com um ar de jardim e limpeza que não é comum nas cidades do interior. Mas o povo de Leopoldina acha que o bispado vale mais. A fábrica é uma iniciativa particular, o bispado foi um anelo geral. E assim, depois de tantos anos de lutas, temos o bispado. Custou ao povo leopoldinense aproximadamente seis milhões de cruzeiros. Não creio que um bispado valha tanto, nem um nem dez bispos, mas está cá, com belas meias de cor e belas cores nas faces, e afinal devemos nos ceder às evidências. O diabo é que o novo pastor não gostou da matriz que tínhamos, uma velha matriz, de uma pobreza bem brasileira. São gostos. Gostos não se discutem, e em assuntos de bispado quem manda é o bispo, não eu. E o bispo fez ver que não poderia oficiar numa tão tosca casa de Deus. Precisaria uma catedral. E estamos com a catedral. Na verdade não está acabado este mastodonte de tijolos, muitos anos ainda se escorrerão antes que seja dada como pronta, o que custará ao pobre povo da diocese bem duras economias. E eis o mastodonte, meus amigos.

Estávamos parados em frente à catedral. Fica no ponto mais alto de Leopoldina. Não creio que por isso as almas que dela fazem ninho estejam mais perto do céu.

II

Antigamente, negócio de comprar boi zebu assombrava muito de princípio — duzentos contos, trezentos contos, quinhentos contos por uma bezerra — mas por fim o forasteiro entendia. O fazendeiro A vende uma novilha zebu ao fazendeiro B por trezentos contos. Mas em troca o fazendeiro B vende ao fazendeiro A um garrote por trezentos e um contos. Graças a Deus tudo ficava em casa, satisfaziam-se as vaidades e os rebanhos valorizavam-se. Fossem comprar um bonde no Rio de Janeiro e ficava muito mais caro.

III

Hoje quem compra zebu não é fazendeiro, é especulador.

— Não sei porque esta loucura de criar zebu! — condenava o entendido em gado. Zebu não dá leite, zebu não dá carne, zebu não dá couro...

— Mas zebu dá dinheiro.

(1943)

VALENÇA

Ézio fez uma casinha no Grajaú, usando o melancólico recurso da tabela Price, isto é, o de ter compromisso de um por cento ao mês para o resto da vida, o que é um negócio bem cômodo e prático, não fosse invenção de um ilustre homem de negócios americano. Mas uma casinha, mesmo paga por quatro ou cinco vezes o seu valor, no cômodo prazo de dezoito anos, que são raríssimos os compradores que veem findar, uma casinha sempre é um sonho de todos nós. E ele tratou de embelezar o seu sonho com um pequeno jardim.

— Na frente, sabe, plantei uns cedrinhos — contara na varanda do hotelzinho, onde repousava de suas lidas os vinte dias que a lei dá aos homens que trabalham o ano inteiro. Gosto muito de cedrinho.

E o madeireiro local:

— Mas cedro custa muito a dar tábua, doutor. Mais de vinte anos!

(1943)

PROVIDÊNCIA

Ela e dois filhos. Terríveis no sentido mais ferroviário da palavra. Sapatos altos e soquetes. O anel de topázio, esmigalhando a aliança, dava para fazer vinte anéis de farmacêutico. Tomou o trem às quatro e trinta. Às cinco horas desembrulhou a galinha assada. Com que habilidade ela chupava o pescoço da galinha! Os filhos, cada um arrasava uma coxinha.

O pão ficava na mão esquerda. De vez em quando, nhoc!, uma lascada para empurrar a galinha. Sons de flauta encheram o vagão de primeira da Leopoldina, igualzinho aos vagões de segunda do Congo Belga.

(1942)

PORTO NOVO

Não tem porto nenhum. O rio é largo, pedregoso, barrento e triste. Algumas casas têm janelas para a água, como uma pobre Veneza matuta. Urubus graves nos telhados. O calor é mortal!

(1942)

TERESÓPOLIS

I

O Dedo de Deus é como o dedo da Providência — quase nunca está presente. Raro é o dia que não calce uma luvazinha de névoa.

II

Não se pode negar que Teresópolis seja um pequeno paraíso, mas é um paraíso desconfortável. Salvo dois hotéis mais refinados, para os senhores Homens Ricos, os demais são tipicamente hotéis brasileiros — quartos infectos, banheiros infectos, comida infectíssima. E os preços são astronômicos. Mal comidos e mal dormidos, é que fazemos a seguinte consideração: como é possível a uma pobre família carioca passar uma semana que seja numa terra de tão bom clima, para dormir tão mal, banhar-se tão mal, comer tão mal, e por preços tão espantosos? É por estas e outras que a nossa lei de férias constitui quase uma ofensa, em vez de um prêmio a que o homem tem direito.

III

Para encher os ócios, que são muitos, Madame se fez diletante de pintura. Não se limita a cobrir as paredes do bangalô de paisagens suíças, as almofadas de ramos de flores, nem as amigas de carinhosas recordações cromais. Leva o diletantismo até o nome de seus cachorrinhos: Mancha, Esboço, Aquarela, Água-Forte, Óleo, Têmpera, Croqui, por enquanto.

IV

O hóspede de um dia, porque não há mais trens:
— O senhor onde é que come?
O dono do hotel:
— Como aqui mesmo.
— O senhor então é um robô!

V

A jovem veranista dá um grito pavoroso. Realmente não há nada mais perigoso do que uma lagarta numa flor.

VI

Pobres vítimas do *weekend*! Hoje registrei nada menos que quarenta sapos esborrachados pelas charretes.

(1942)

MONTE BELO

Trata-se de um castelo medieval construído em 1935. Gostaria de conhecer o castelão. Cumprimentá-lo na ponte levadiça. Incluir-me entre os seus vassalos.

(1942)

CORREIAS

I

Pensão exclusivamente familiar para convalescentes em geral, diz a tabuleta. Na varanda, de pijama, estão oito convalescentes em geral de tuberculose.

E o sanatório, trepado no morro, é defendido por uma muralha balsâmica de eucaliptos.

II

Chuva de pedra! Passeio piedosamente por entre os mutilados: pobres cravos, cravinas, rosas e hortênsias!

(1942)

ITAIPAVA

I

Ia andando lento, para aqui, para ali, pela pista de asfalto. "A noite era afetuosa e mansa." As casas são esparsas e dormidas. O cigarro queima, passa o carro de faróis abertos, depois volta o clarão lunar. Vem um rumor de água escondida — bica escorrendo — cantam os grilos e "os pinheiros pensavam coisas longas, diluindo um cheiro acre de resinas".

Penso em Raul, Raul de Leoni, poeta meu, que ali morrera, entre a frágua e o sonho.

II

E Hugo, também Hugo, sufocado de sangue, ali se tornara em coisa fria e sem voz, ele que era tão alegre, tão valente, tão falador!

Quem se lembrará de Hugo, anjo da Lapa, rei de São Cristóvão?

III

Dadas as circunstâncias, sugeria uma lei que só permitisse ao cidadão ficar tuberculoso quando tivesse pelo menos duzentos mil cruzeiros de renda líquida por ano.

(1942)

APARECIDA

Aparecida cobre toda a pequena colina, e no mais alto, num amarelo sujo, eleva-se a basílica, que é um luxo de expressão, bem pobre coisa feita pela mão do homem pecador com as esmolas dos homens pecadores.

As ladeiras são ásperas. Subi-las já é penitência bastante, principalmente se é dia de sol. Para descer os santos ajudam.

A cidade vive da Santa, e em cada botequim, bilhar, hospedaria, farmácia, loja, lá está a sua imagem. Diante da basílica há trinta fotógrafos em linha de combate e trinta vendedores de bilhetes de loteria, todos benzidos conforme asseguram os vendedores importunos como moscas. E sírios em todas as portas trocando os mais variados objetos (trocando por dinheiro), todos benzidos ou com a imagem da Santa — carabinas, garruchas, punhais — infalíveis! — canivetes, foices, sabonetes, velas, fivelas, papéis, cartões, colchetes, bacias, copos, xícaras, o infinito.

A Santa, para os que o ignoram, tem dois palmos se tanto de tamanho e é pretinha, mas como não é racista tem feito milagres para crentes de todas as cores.

Num prédio ao lado esquerdo da igreja instala-se a sala dos milagres, isto é, a sala cujas paredes são cobertas de alto a baixo

CENAS DA VIDA BRASILEIRA

pelos votos dos devotos e pelas fotografias das mais evidentes provas da eficiência da Santa.

Há milagres espantosos. O do pequeno lavrador que tinha trinta bois é um deles. Trinta bois não é brincadeira se juntar. São trinta anos de trabalho e vem uma danada de uma peste estranha e numa semana derruba três bois e na outra mais três. O pobre homem viu as coisas perdidas. Na terra não havia veterinários, como não os há aliás em lugar nenhum do Brasil, pois os poucos que ostentam no anular o precioso anel de grau veterinário habitam Rio e São Paulo para tratar de lulus, bassês e pelos-de-arame da boa sociedade. Recorrer ao Ministério da Agricultura seria inútil. Já seria um milagre (mesmo por interferência da Santa) se eles se dignassem tomar em consideração o pedido nos cinco meses mais próximos, quando já não haveria mais bois para salvar. O homem era crente, foi mais prático. Apelou para Nossa Senhora da Aparecida, padroeira do Brasil. E ela atendeu-o. Ele pagou a promessa e deixou na sala dos milagres o testemunho da graça divina — um retrato tirado na frente de cinco bois, os cinco que a Santa salvou.

Outro milagre admirável é o do professor contratado da Faculdade de Direito do Rio de Janeiro. Olho com emoção o seu retrato jurídico, os óculos de tartaruga, a beca impecável, o arminho impoluto, as costeletas espremendo as bochechas — retrato retocado, retrato de formatura, distribuído à família e aos amigos com comoventes dedicatórias. Lá o deixou também como ex-voto. Na sua fisionomia, em sépia, lê-se a inteligência do futuro catedrático, na certa. E o milagre é este, como se lê na dedicatória à milagrosa: teve renovado por mais um ano o seu contrato. Naturalmente depois houve milagres tácitos, isto é, o contrato foi sempre tacitamente renovado para honra e glória da nossa jurisprudência.

Mas o maior milagre que se pode constatar naquelas paredes piedosas é o da turma da Escola de Farmácia e Odontologia de Pindamonhangaba. Para os incrédulos lá está o quadro de formatura — conseguiram se formar!

Todos nós precisamos de um milagre, mas diante da Santa fico mudo e confuso. Que pedir? Ela, do alto de seu altar, de dentro do seu nicho de ouro, me contempla, preta, pequena, quase humana — está vendo dentro do meu coração e sorri, complacente, das minhas dúvidas.

FORMIGA

Luisinha Faria é duquesa. Recebeu o título nobiliárquico numa festa de caridade, promovida por estudantes, e na qual cantou uma ária, apenas uma, mas cujas notas foram ouvidas no céu. Antes era copeira, excelente copeira. Mas o entusiasmo da assistência foi tal, que, por emoção das palmas, Luisinha caiu na rua com um derrame que ela teima em acusar de "ares de estupor". Acordou duquesa.

(1942)

BELO HORIZONTE

Tal como a preta Irene, do nosso poeta Manuel Bandeira, João Alfonsus não precisa pedir licença para entrar no céu.

CENAS DA VIDA BRASILEIRA

Lá é a sua casa, o seu lugar. Lá encontrará o velho Alphonsus, o pardo Aleijadinho, Mozart (que pedirá notícias de Murilo Mendes), Sinhô, Noel, Nazaré, o pequeno Frederico Garcia Lorca, assassinado pelos fascistas, numa madrugada de ódio em Granada — a sua Granada! — e o meu irmão Manuel Antônio, cujo corpo o mar quis guardar no fundo. Encontrará Antônio Alcântara, Arnaldo Tabaiá, o tio Bernardo, mestre Anatole, João Sebastião, Renoir, o judeu Antônio José, sem marca das queimaduras de Torquemada, e a Galinha-Cega, já não mais cega, ciscando estrelas, que é o trigo de Deus. Eternamente enamorado de Carolina, encontrará pai Machado, curado da gagueira e da misantropia, pois todos os defeitos humanos não chegam àquelas paragens onde se é cristalino, puro e eterno.

E João poderá fumar o seu cigarrinho de palha, descansado — bom goiano este! — poderá até armar um truco barulhento com Afonso Arinos, Joaquim Mironga e Pedro Barqueiro, que são tremendos no jogo de tropeiros. Poderá, principalmente, conversar, ter ideias.

— Que é que você acha, João Alfonsus? — perguntarão.

E João poderá responder o que quiser, dizer o que bem entender, sem medo de polícia ou delatores.

Não, meus amigos, não devemos lamentar com o nosso egoísmo terreno, a partida de um artista que nos era caro — deles não é este mundo, enlameado, policiado e triste. Deles é o reino do céu para onde foi João Alfonsus, livre de todo o mal.

(1945)

RIO

I

Entrou no bar e atirou o lenço em cima da mesinha:

— Vinte mil! De seda!

— Dou cinco.

— Não brinca com mercadoria!

II

Ele virou-se para a namorada e disse:

— Hoje, antigamente, era feriado.

— Que dia é hoje?

— Tomada da Bastilha.

— Ah, sim. Já passou uma fita com esse nome.

III

E como o cavalheiro já não suportasse a falta d'água de um mês, telefonou para a Repartição de Águas e Esgotos reclamando, ao que o funcionário respondeu com a maior indignação:

— Use Coca-Cola!

(1943)

ARARUAMA

Tudo é salgado, menos a sopa.

(1948)

SÃO PAULO

I

Se o Museu do Ipiranga guarda em sublimes ânforas de vidro a água meio amarelecida, meio podre, dos grandes rios brasileiros, pecou historicamente por não guardar também em vistosa vitrine um pouco da neblina paulistana do passado. Porque São Paulo já foi terra de neblina, ó incrédulos amigos de outras nações tupis, neblina que determinou uma longa série de poetas úmidos e melancólicos.

Como num passe de mágica, a cidade ficava branca de repente e as vozes vinham de dentro daquela fria nuvem opaca como murmúrios de um misterioso mundo ítalo-brasileiro. A Avenida Paulista era o logradouro chique, pista elegante onde a neblina se desenrolava, e nas tardes de sábado ou domingo — foi há tanto tempo que nem sei mais ao certo — havia o corso dos incipientes milionários, das famílias de quatrocentos anos, algumas vezes de menos, em automóveis fechados, tristes automóveis fechados cortando, passo a passo, o espesso véu que escondia para felicidade dos olhos exigentes os palacetes arrivistas, o mau gosto próspero, mármores e colunas, as janelas todas cerradas como se o mundo não merecesse ser visto.

Agora São Paulo, por um mistério que a ciência ainda não explicou, não tem mais neblina. Tem chuva apenas, chuva de Piratininga, chuva fina, que irrita um pouco, que faz os carros chiarem no chão molhado e que obriga a trajes um tanto europeus, como os próprios hábitos da cidade aliás.

E São Paulo deixou de ser a tímida e provinciana cidade que dormia cedo para se transformar em turbulenta babel sempre acordada. Cresceu como nenhuma outra cidade neste mundo e a tal respeito as estatísticas são triunfais e lançadas aos quatro ventos. O que era melancolia se transformou em velocidade, em palpitação, em inigualável alegria criadora. As ruas quase coloniais se transformaram em amplas avenidas. Onde eram os sobrados, que os senhores estudantes enxameavam de repúblicas, elevaram-se os arranha-céus mais altos da América Latina, abrigando os maiores negócios da América Latina. E isso é um começo de conversa, um princípio de carreira solta, porque dia virá — e a paulistanada está firme na pista em delirante afã — dia virá em que os mais altos edifícios do universo abrigarão os maiores negócios do mundo.

Cada vez que te revejo, meu São Paulo amigo, compreendo melhor o milagre do esforço humano, a grandeza do nosso futuro. Cada vez que piso as tuas ruas, ó Pauliceia, cada vez te encontro mais enorme, mais outra, mais estranha! Mas cada vez que te vejo, eu, o carioca de Vila Isabel, berço do samba e de Noel, acode-me com emoção a lembrança do teu ritmo tranquilo de anteontem e a neblina que era o teu mais belo vestido.

II

O cavalheiro insistiu durante uma semana (de chuva, chuva, chuva!) para que o amigo, que respeitava como homem de apuradíssimo gosto artístico, fosse ver o quadro que ele queria comprar para a nova residência na Avenida Rebouças, obra que por todos os títulos considerava verdadeiramente prima.

Depois de uma semana de escusas, francamente não era possível escapar mais sem graves riscos, e lá se foi o crítico de arte, amante do bom convívio, e utilizando o mais grave semblante, para dar a sua abalizada opinião sobre a cobiçada tela.

Encontrava-se pendurada numa galeria, da rua Barão de Itapetininga, do melhor estilo Barão de Itapetininga. Tratava-se duma galante refeição da qual participavam um cardeal e duas marquesas, refeição portanto não totalmente discreta, com reposteiros escarlates ao fundo, que não brigavam com S. Eminência primorosamente de branco. As taças de translúcido cristal tiniam no brinde com capitoso espumante; as senhoras marquesas ostentavam o mais radiante sorriso e a de azul-celeste — porque a outra vestia-se de um pálido amarelo — trazia na face um sinalzinho da mais atrevida brejeirice. E como a porcelana era impecável, a toalha da mesa de um finíssimo brocado, o candelabro de prata, o tapete da mais abafadora lã e as joias das fidalgas pudessem ser vendidas em qualquer joalheiro, por seis contos era positivamente barato o quadro, tanto mais que a moldura era um bordado em ouro-banana do mais rico lavor Barão de Itapetininga.

Mas apesar de tanta perfeição e riqueza o amigo desaconselhou a aquisição. Só que não o fez diretamente. Aplicou o método delicado, achando que talvez não ficasse bem na casa do cavalheiro, (e o cavalheiro negou incontinenti — ficava perfeita!) talvez que pelo preço exigido o cavalheiro conseguisse obra ainda mais fina, dúvida que o inteligente vendedor categoricamente eliminou — era impossível!

Como resultado da crítica fraternal, o quadro foi transferido, com dinheiro à vista, da rua Barão de Itapetininga para a Avenida Rebouças, onde se encontra na sala de visitas exatamente sobre um sofá de pés dourados.

E, para comprovar o acertado da sua despesa ornamental, dizia mais tarde o cavalheiro, sempre radiante:

— O Ataliba, sabe? comprou um quadro igualzinho ao meu. Do mesmo artista. Na mesma galeria. Pagou oito contos. E sabe? só tem uma marquesa. Uma marquesa e um cardeal. Você se lembra do meu, não é? Tem um cardeal e duas marquesas!

III

— Nós temos o Jardim América, o Pacaembu, o edifício do Banco do Estado...

— Nós temos o Corcovado e o Pão de Açúcar.

— Mas o Corcovado e o Pão de Açúcar não foram feitos pela mão do homem.

— Sim, mas Deus é muito mais importante.

(1950)

CENAS DA VIDA BRASILEIRA

CAMPO GRANDE

I

De avião, muitos mistérios se desvendam — os rios aprenderam a fazer curvas com as cobras.

II

O tipo andava pelos botequins:
— Quando eu me lembro que sou um soldado paraguaio, tenho medo de mim mesmo!

(1949)

CUIABÁ

I

Às quatro da manhã os sinos acordam, indiferentemente, católicos e ateus.

II

Onde está o teu ouro, Cuiabá?

(1949)

CÁCERES

I

Na rua sem ninguém, fora o pó sob o sol escaldante, o convite era invencível. Entrei no Ao Anjo da Ventura para comprar lâmina gilete. Não havia.

II

A igreja tem proporções para Nova York, não para Cáceres. Quando a obra ia indo, pegou fogo nos andaimes e ruiu grande parte dela. Os padres não esmoreceram, mas jamais será concluída. Nem é golpe.

III

A madrugada era de breu. Íamos em fila indiana, o major de lanterna indicava o caminho. A lancha oscilava, entraram todos — tudo em ordem? tudo! — partimos para a pesca do surubi. Não se pescou um ao menos. A alegria era intensa, quase juvenil. Cante, pessoal! Cantou-se de tudo. Havia um violão, um pandeiro e o madeirame da embarcação para marcar o compasso. O Sol raiou por fim. A água é dum verde profundo. As margens de densa mataria. Atirou-se em jacarés, sem resultado. Paramos em ilhas e tome cachaça; paramos em praias e tome cachaça; paramos em currais de fazendocas e tome cachaça com leite. A cachaça estava solta! Foi uma bebedeira geral e em regra. Perderam-se máquinas fotográficas, óculos escuros e quem quase morreu foi o médico do batalhão, porque cachaça em jejum não respeita esculápios.

(1949)

FORTE PRÍNCIPE DA BEIRA

O rio rola gordo como jiboia, levando árvores e ilhotas de capim, sob o céu de azul ardente.

Faço parte do silêncio que emana das coisas e que o voo do pássaro não perturba.

(1949)

GUAJARÁ-MIRIM

I

A floresta primeiro assombra, depois amedronta.

II

O guia adverte:
— Cuidado com onça, moço!
Mas perigoso mesmo é mosquito.

(1949)

PORTO VELHO

Gosto da tese que o governador do Guaporé, engenheiro Araújo Lima, vai defender na II Conferência da Borracha: a de pôr em execução todos os pontos aprovados na conferência anterior.

(1949)

RIO BRANCO

I

Eis um lugar em que ninguém pode atirar pedras no telhado alheio. Não há pedras.

II

A cadeia era tão boa, que vão transformá-la em hotel!

III

Acendo o cigarro boliviano com fósforo boliviano. E assisto ao jogo de basquete noturno, diante do palácio governamental. Custamos, mas ganhamos! E ainda bem que no futebol, de tarde, perdemos. O mais terrível jogador boliviano era um chinês.

CENAS DA VIDA BRASILEIRA

IV

Boas laranjas, bom mamão, ótimas bananas! O guaraná é servido em garrafas de cerveja. A rede não range. Dá vontade de nunca mais voltar.

(1949)

MANAUS

I

A cúpula do teatro em azulejos azuis, verdes, amarelos, brancos e grenás perturba a harmonia do edifício, como se fosse possível misturar severidade e papagaio. Causou-me a mesma penosa impressão quando vi, no Museu Imperial de Petrópolis, o manto do Imperador feito de papo de tucano.

II

Enfiei o nariz na janela da casinha baixa, (o sol tinia!) e o homem se esmerava em objetos indígenas — ventarolas de penas, flechas emplumadas, colares de sementes e dentes de onça. Meti uma conversa. Era húngaro.

III

Quanta moça, meu Deus, quanta moça!

(1949)

ITACOATIARA

Não há solidão mais solidão que o imenso rio transbordando, entrando terra adentro, acabando com as margens. E de repente, Itacoatiara. Os caboclinhos cercam o navio com cestinhas para vender, de um trançado que parece couro de cascavel, se houvesse cascavéis roxas, vermelhas, verdes ou azuis como as ondas do mar que está longe.

(1949)

SANTARÉM

Compro uma garrafa de água de cheiro para o meu banho de sexta-feira, filtro maravilhoso de prosperidade e amor, a felicidade por dois cruzeiros.

(1949)

BELÉM

I

A luz é fraca apesar do extraordinário esforço dos vagalumes.

II

Aviso aos navegantes: se por acaso virem um zepelim solto na rua, não se assustem — é um ônibus.

III

O caboclo nunca tinha andado de avião e veio logo de Porto Velho por sobre aquele mundo de água e mato.
— Do que é que você gostou mais na viagem?
Pensou um pouco:
— Do lanche.

IV

Certamente é por uma falha do meu caráter, mas não gostei do açaí — tem gostinho de bambu.
Fiquei escravo do cupuaçu.

V

O vendedor de coisas típicas logo viu que tratava com um cavalheiro diferente e compreensivo. E ofereceu-me um guaraná em forma de macaco-prego, figurinha proibida pela moralidade local.
Comprei a oferta, cuja única imoralidade constituía no preço. E quero crer que a mesma vigilante moralidade esteja providenciando a extinção, na floresta amazônica, da indecorosa raça dos macacos-prego.

VI

E depois de quase um mês de planície amazônica, como sentisse a necessidade premente de ver jacarés e sucuris, fui fazer uma visita ao Museu Goeldi.

VII

Ver-o-Peso. Vejo. Para algumas gramas de mastros e pitoresco, toneladas de abandono e de miséria.

VIII

Na noite morna, de transbordante luar, despeço-me das mangueiras sonolentas em pundonorosas camisas de dormir, que, colantes ao tronco palpitante, vêm em pregas cair até o chão.

(1949)

SALVADOR

I

Devia ser obrigatório a gente ir todos os anos à Bahia, que é sempre uma boa lição e, principalmente, uma lição de harmoniosa beleza. Por desgraça dos homens, nós fazemos sempre o que não devemos, fazemos o que nos obrigam e um mundo imbecil de obrigações determinaram-me, por largo tempo, a impossibilidade de rever a Bahia, passear por suas ladeiras, admirar os seus sobrados, saborear as suas frutas nas

CENAS DA VIDA BRASILEIRA

ruas noturnas, contemplar seu céu azul. Se passei dez anos sem voltar à boa terra, e suportei a pena, é porque, felizmente, a Bahia está sempre um pouco em todos nós. Se não vamos a ela, é ela que vem a nós, através das músicas de Caymmi, dos romances de Jorge Amado, das conversas de Herberto Sales, dos quitutes de Juraci — não confundir, pelo Senhor do Bonfim, esta leal amiga com o general homônimo! — e do cabedal de fotografias das revistas, pois a reportagem não se cansa, nem nos cansa, de fotografar a Bahia. Também serviam como contribuições calmantes os livros que o Pinto de Aguiar anda publicando na sua Editora Progresso, um acervo realmente importante para o conhecimento da Bahia sob todos os seus aspectos, e a amizade dos caros amigos baianos que nunca nos esquecem: Carvalho Filho, o mais velho do arquivo sentimental, trinta anos contados de fraterno entendimento, o Godofredo Filho, Vasconcelos Maia, Pedro Moacir, irmão de Vasconcelos Maia, o Odorico Tavares, que naturalizou-se baiano, o José Valadares, que tem caracteres internacionais, o Wilson Lins, cujo estudo sobre o médio São Francisco fica em pé na estante, o Imbassaí, que deixou a Biblioteca, mas continuou Imbassaí, o Vivaldo Costa Lima, cuja prosa não há igual por estes brasis, e o Carlos Eduardo, que é poeta, bom poeta e excelente diretor da Galeria Oxumaré, e os artistas plásticos que a Bahia vem forjando, como Mário Cravo, Genaro de Carvalho, agora às voltas com tapetes, e etc., etc.

Mas afinal revi a velha e querida Bahia, não muitos dias, como desejaria, mas o suficiente para abrandar a saudade. E tudo por obra e graça de Darwin Brandão e Mota e Silva, este um baiano legítimo, aquele um baiano honorário, que lançaram um lindo livro de exaltação à cidade do Salvador — *Cidade do Salvador, Caminho do Encantamento* — álbum de roteiro e sentimentalismo, que é valorizado com um prefácio de Jorge Amado e com ilustrações de Carlos Bastos.

Ênio Silveira, paulista aclimatado no Rio de Janeiro, terra ótima para adoçar paulistas, responsável pela edição do livro, anda fazendo lançamentos sensacionais pelos estados. Tocou a vez da Bahia, e lá fomos nós para a festa, que constituiu um sucesso, apesar da chuva que bota baiano preso em casa, preso de tristeza, porque baiano e chuva são coisas que não combinam. Hélio Machado, o simpático prefeito de Salvador, portou-se como um perfeito baiano, isto é, um perfeito anfitrião.

II

Darwin Brandão e Mota e Silva, para mim eternamente Motinha e um pouco meu sósia, foram leais e entusiasmados companheiros da minha aventura baiana em 1947, aventura que não se esqueceram de consignar no belo livro que fizeram de parceria — a da primeira exposição, coletiva e internacional, de arte moderna que se apresentou em Salvador.

Não os conhecia. Fui conhecê-los lá. Quem arrumara a ideia de que eu levasse à Bahia uma exposição de pintura moderna, como já fizera em outros lugares do Brasil, que naquele tempo era meu vício andar de quadros às costas, foi Odorico Tavares, cujo amor pelas coisas plásticas é conhecido e pode ser verificado pela pinacoteca que mantém a sete chaves, no seu palacete baiano, com medo da visita de alguns amigos, entre os quais infelizmente se inclui o temível João Condé. (E tanto tem medo, que, sabendo da nossa ida, sabendo mal informado,

CENAS DA VIDA BRASILEIRA 201

pois João não participou da caravana, imediatamente bateu para os Estados Unidos, alegando que ia buscar uma estação de televisão para a cidade, quando na realidade era por puro temor do proprietário dos Arquivos Implacáveis, e porque, fato sabido e comentado, era mais barato ir aos Estados Unidos com o câmbio a 120 do que receber gente em casa.)

Anísio Teixeira, que dirigia a Secretaria da Educação do estado naquele tempo, responsabilizou-se por uma parte do êxito da aventura. O grande brasileiro Otávio Mangabeira, então governador, garantiu a outra parte. E com tais baluartes, enfrentamos o rigor tradicionalista. O sucesso foi inegável. O público compareceu, as discussões foram acaloradas com muita pimenta, o costumeiro epigrama em verso apareceu nos jornais, mas a semente ficou pois até quadros venderam-se e não poucos. Serviu especialmente, a exposição, para mostrar que não devia se confundir tradição real com caduquice, arte autêntica com copismo bolorento. O ágil espírito baiano compreendeu e bateu palmas. O academicismo imbecil, que não é privilégio baiano, é patrimônio universal, escoiceou inutilmente. E foram dias de entusiasmo e de alegria, e neles os então muito jovens Darwin Brandão e Mota e Silva cooperaram generosamente, trabalhando como uns danados para todo o êxito do empreendimento.

III

E ao descermos na Bahia em 1958, outra estrada nos esperava para nos levar do aeroporto à cidade. Uma estrada mais curta, pavimentada, beirando as formosas praias da capital, obra do governo Otávio Mangabeira. Como obra do governo Otávio Mangabeira foi o hotel que nos esperava, hotel que não existia antes na Bahia, e cujo risco moderno, à altura de uma grande cidade, estivera sob meus olhos naquele remoto 1947. E se na entrada do hotel encontramos uma placa de bronze na qual se agradece ao eminente baiano aquela obra grandiosa, a dois passos dela íamos encontrar o próprio Mangabeira, cavalheiro como sempre, e sempre lúcido, sempre brilhante, sempre combativo.

Se o hotel estava de pé, certamente estaria de pé também o teatro, um teatro à altura da grande Bahia, cujo projeto, de Alcides Rocha Miranda e José Reis, também vira nas mãos do ilustre político e administrador, naquele ano de 1947. Felizmente não perguntei ao nobre amigo por aquela obra. Perguntei a outros. E os outros me responderam, e depois do próprio terraço do hotel imediatamente verifiquei, que o projeto não fora executado pelos governos que o sucederam. Um, porque tinha horror a tudo que fosse teatro ou qualquer coisa ligada à cultura; e o outro, porque tinha ideias pessoais a respeito de arquitetos, possivelmente a única coisa sobre a qual tem ideias pessoais.

O teatro que está se construindo em Salvador, e que na tradicional festa de 2 de julho será inaugurado, é obra meritória, moderna, grandiosa, mas não é o projeto admirável que eu vira em 1947.

Em compensação o moderno entrara definitivamente na arquitetura da velha Bahia, e entrara como devia entrar, harmonizando-se com a paisagem antiga, fazendo realçar a linha tradicional daquela rica arquitetura citadina. O que na Bahia se realizou arquitetonicamente nesses dez anos de ausência é assunto considerável, coisa que nem imaginava pudesse ser realizada e que está para a mais veemente admiração. E temos que destacar, entre as realizações, aquelas de caráter educacional que o Anísio Teixeira —que com o apoio de toda a inteligência brasileira acaba de vencer

CENAS DA VIDA BRASILEIRA

uma parada contra a safadeza organizada — através dos órgãos que dirige, levantou e está levantando na sua bela terra.

IV

Bahia com chuva é mais Bahia. E chovia, se chovia! Mas quem vem para rever tem que rever, e enfrentemos, portanto, o tempo hostil, as ruas ensopadas, o vento cortante e toca a rodar. Era de manhã e batemos para o mercado. Fervilhava.

Quem disse não fui eu, foi um militar, que estava numa das portas de entrada:

— Isto é Mercado Modelo só no inferno! Chove mais dentro do que fora.

Se era exagero, não era lá muito. Chovia dentro. E vendedor de mercado é cabra sabido.

— Quanto custa este Exu?

Era um Exu de ferro, do gênero macho, algo escandaloso de machice, terrivelmente preto.

— Cento e oitenta, patrão.

Quem sabe comprar é Jorge Amado, que nos acompanha. Faz cara de pouco caso, puxa as notas, que estão sempre amassadas no bolso, e paga sessenta:

— Não sou turista não, meu velho. Já ganhou o dia.

Para que contestar? E o barraqueiro joga as notas na gaveta e o Exu é incorporado às bugigangas adquiridas, entre as quais se inclui uma cesta de tamanho gigantesco, cuja serventia continuo ignorando, e cujo transporte aéreo considero um problema. Um cheiro de incenso vem de uma barraca. E como a umidade é bom pretexto para cachaça, para-se no competente balcão, onde surge uma garrafa da famosa Jacaré. Não gosto de cachaça. Para esquentar o corpo não há nada mais calorento que imaginar. Vou imaginando coisas. Eneida achou uma barateza comprar por cento e vinte pratas um balangandã que poderia sair por umas cinquenta. Mas Eneida não pensa em termos de dinheiro, pensa em termos de poesia e folclore. E Jorge Amado estava longe comprando fieiras de camarões secos com Zé Condé e Valdemar Cavalcante e não pôde socorrê-la.

Na porta o jipe nos esperava. Como cabe gente dentro de um jipe! E como sacode! E certamente foi o sacolejar que demonstrou dentro de mim a molinha que preside a pressão da tristeza. Fiquei triste, triste! Cheguei imprestável no hotel.

Cheguei imprestável no hotel, e para a melancolia o melhor remédio é cama, cama macia, com janela aberta para o céu cinzento. E como subproduto da tristeza, penso em gramática, que é a subtristeza mais triste deste mundo: cheguei *no* hotel ou cheguei *ao* hotel? No quarto deserto pergunto e nenhum purista me responde. E o sono, que é subproduto da alegria, vem pesar-me nas pálpebras, arrebata-me para um céu onde não há purismos, só sossego.

Desgraçadamente há telefones, embora até que os da Bahia não funcionem muito, duas horas para uma ligação. O meu fez exceção e acordado fui pela vibrante campainha. Chamam-me para o almoço, que está na hora. Dou uma espiada num quarto onde há um inexplicável biombo japonês e incorporo-me à rapaziada. A rapaziada já incorporou à sua corrente sanguínea uma dose alegríssima de licor escocês, e alegres enfrentamos muqueca de peixe. Onde há convivas, há paladares exigentes. Mas mesmo os filhos de Vila Isabel são bocas simples, talvez mesmo simplórias, e com menos um pouquinho de pimenta o pescado com dendê está aprovado — ótimo!

CENAS DA VIDA BRASILEIRA

Se o serviço do restaurante é um pouquinho à francesa, o café é servido bastante à baiana. Bastante e lindamente. Bahia é terra de cabrochas bonitas. Duas delas, a caráter, estão na porta de cafeteira em punho, e seus olhos são contas escuras que fugiram do calor de Iemanjá.

Saber nome de cabrocha bonita não faz mal a ninguém. Até que deve ser obrigatório.

— Como é o seu nome, moça?

A bichinha me diz, mas não serei eu que vá espalhá-lo. E como muqueca de peixe provoca preguiça, espalho-me na poltrona de molas, e os caramujos em alto-relevo dos azulejos me hipnotizam.

Da doce hipnose sou despertado pelo simpático rapaz que se colocou à minha disposição, com automóvel e tudo. Propunha uma voltinha, que aceitei, voltinha na qual teria eu a oportunidade de conhecer a Reitoria da Universidade, que é obra nova.

Lá fui, mas não tive coragem de entrar. Senti uma pressão no peito, uma vergonha, uma vontade estranha de morrer! Com tantos prédios antigos, grandes, belos e autênticos, maravilhosos sobradões, ressumando austeridade e tradição, prédios que poderiam ser comprados e restaurados, como no Rio foi restaurado o Hospício para ser sede da Reitoria da Universidade do Brasil, na vetusta e tradicional Bahia, orgulho da arquitetura brasileira, construíram um prédio para a reitoria universitária. Mas pensam, os que não o conhecem, que construíram um prédio moderno, ao gosto do tempo, com o material e a técnica do tempo? Não. Construíram um prédio antigo! Requintadamente antigo! Custou um dinheirão. E há pessoas ingênuas que pensam que ele é mesmo antigo...

— Não, meu filho, essa não!

O rapaz ficou um pouco encabulado, mas mandou tocar o carro. Para desabafar o ferido coração, fui visitar a minha igreja de São Francisco, que é um sonho. Estava deserta de crentes, mas povoada de beleza. Implorei ardentemente ao santo que punisse a estultice de certos homens poderosos. Mas não sei se ele tem força na congregação.

V

E o diabo da chuva continua! E sob ela toca a rever a Baixa do Sapateiro, que tem mais buraco que paralelepípedo, a Feira de Água de Meninos, que encontramos transformada num lamaçal, o Rio Vermelho, onde vive o Mário Cravo com as suas gargalhadas, e as praias que Pancetti pintou com as tintas do puro amor, e o Senhor do Bonfim, cujo largo é limpo como se tivesse sido acabado de lavar. E toca a almoçar com um e jantar com outro, e tome caruru, efó, vatapá, muqueca, galinha de xinxim, isto é, tome dendê, tome pimenta, e tome laranja no Terreiro de Jesus, por um preço que Jesus acharia caro, mas que nós pagamos sem tugir, e tome Maria de São Pedro, que logo depois foi para o céu, e tome Anjo Azul, que reabriu com pinturas novas na entrada, botticellismo do pincel de Carlos Bastos, e tome capoeira, com musguinha para dormir, que cá pra nós, que ninguém nos ouça, enche um bocado. E tome compridas conversas com a rapaziada baiana, e ouçamos queixas do pouco que recebe a Bahia dos seus poços de petróleo. E ouçamos, comovidos, a poesia de Carlos Eduardo homenageando os 50 anos de Godofredo Filho.

E afinal chegou o sol e com ele claras se fizeram as fachadas, azul se fez o mar, alegres se fizeram os corações. Mas com ele

CENAS DA VIDA BRASILEIRA

vinha a hora inadiável de partir e, sôfregos, procuramos respirar aquele grande ar baiano, identificar-nos com a luz, guardar na retina a imagem de torres e ladeiras. Quando o avião deixou o solo levava comigo a mais salutar reserva de claridades.

(1958)

RECIFE

I

Darwin Brandão e Hélio Polito, amigos e dinâmicos, me convidaram para um fim de semana no Recife e eu peguei logo com unhas e dentes no convite, que me pareceu cair do céu — há muito andava com uma comichão danada para me tocar para aquelas bandas. Na verdade o convite foi para mais do que um fim de semana, porquanto seria uma indignidade passar somente um sábado e um domingo nas margens do Capibaribe, como se o velho Recife, cansado de tantas guerras, fosse uma Teresópolis qualquer, e tanto mais que cultivo lá, como o melhor dos jardineiros, um grupinho de amigos de que muito me envaideço. É que Darwin e Polito, duas criaturas a permanente serviço do diabólico, mantêm lá, através da Rádio Jornal do Comércio, que fala para o Brasil e para o Mundo, um programa de perguntas e respostas chamado *Encontro marcado*, e para o qual são convidados cavalheiros cá das plagas sulistas, cavalheiros de todo o naipe de crenças, ideologias e profissões, programa que leva o patrocínio do Consórcio Real-Aerovias e cuja audiência é a maior da radiofonia nortista.

Está claro que cabe ao aludido Consórcio colocar no Recife os cavalheiros convidados, o que é feito com a conhecida eficiência da companhia de aviação, que consegue fazer da longa distância um rápido e agradável piquenique. E como se ainda duvidasse do conforto com que cerca os seus passageiros, o Consórcio, nos últimos minutos de viagem, fornece aos seus fregueses um cartãozinho verde, com claros a preencher, que deve ser entregue à aeromoça, claros que são intitulados de "sugestões". É que acredita o Consórcio poder ainda mais melhorar as condições de assistência aos passageiros, se deles vier, em letras do próprio punho, notações de falhas, indicações procedentes, sugestões em suma. Quem me pede, recebe. Assim pensei bastante antes de preencher o claro, mas afinal preenchi: "Falta dona Clementina." O Consórcio Real-Aerovias, que por certo conhece esta dama, compreenderá o profundo alcance da minha sugestão.

II

Não conhecia o novo aeroporto, que é obra olhável e funcional, com painel imenso de Lula Cardoso Aires logo na entrada, painel cuja contemplação influiu para o início do meu roteiro — começaria pelo Lula, que habita as delícias da Boa Viagem.

A praia da Boa Viagem estava de bandeira vermelha, embora o mar não estivesse agitado — é que, debaixo daquelas ondinhas macias, escondia-se o traiçoeiro das correntezas e dos redemoinhos, que arrastam para a morte tanto banhista imprudente que se aventura iludido para além dos recifes. Mas a casa de Lula Cardoso Aires está sempre de bandeira branca, aberta aos visitantes, clara, espiando o mar, recebendo das planícies marinhas o permanente vento que refresca a cidade e que varre as minhocas

CENAS DA VIDA BRASILEIRA

do cérebro. Filho de usineiros, acolhe-nos com braços abertos de açúcar. E engordou. E encaneceu ligeiramente. E vento, que balança as folhas dos coqueiros, e gordura e cãs formaram um complexo de invejável superioridade, que influiu nos seus infatigáveis pincéis. O que está produzindo já é coisa total, íntegra, absoluta, além do folclore e do onírico, conquanto seja na terra maravilhosa de Pernambuco que encontra a matéria dos seus quadros, fidelidade que é a única garantia de um verdadeiro artista. É construção forte e alta, seriamente pensada e sentida, como se tudo que fizera antes não fosse mais que a base para o seu verdadeiro encontro com a pintura.

E Abelardo Rodrigues, que chegou, não cortou a intensa emoção daquela manhã. Reforçou-a mais. Há quantos anos não abraçava este homem singular, apaixonado colecionador de tudo que é belo, de tudo que não deveríamos perder? Também os anos que nos separaram puseram umas rugas naquele rosto amigo. Mas o entusiasmo é o mesmo. E fala-me dos seus santos, das suas figurinhas de barro, das agonias por que passa por causa de peças que não lhe foram devolvidas. É uma longa e melancólica história: emprestou para o pavimento do Brasil na recente exposição de Bruxelas algumas das peças mais preciosas da sua coleção, e até agora não voltaram, algumas até, algumas não, muitas, desapareceram. Bem não adianta fazer sofrer mais ainda o velho companheiro. Procuro encontrar palavras de esperanças...

III

Recife anda agitado — há greve portuária. Nem precisamos dizer as razões — são positivas. Mas as tarifas do porto quem as decide é o governo federal, e pedir ao governo federal que faça alguma coisa útil e urgente é o mesmo que pedir a uma pedra que nos forneça leite. Mas, como a encrenca se prolonga, dizem que virá um emissário do Ministério da Fazenda para resolver. Vamos ver. Vamos ver, mas vamos duvidar antecipadamente. Quando um presidente e um ministro não resolvem, que poderá fazer um emissário? Mas se vem para resolver — ponhamos uma margem de idealismo — por que não resolve, além da questão da greve e das tarifas, a condição do próprio porto, o maior do Norte, um dos maiores do Brasil, e cujo criminoso estado de abandono é o mesmo em que se encontram todos os portos do país? Vê-lo imerso em tal incúria é sentir o coração pequeno, e ter crises de desânimo, é ter vontade de utilizar argumentos violentos, numa terra que não precisava de nenhum, que tem capacidade para tudo ver resolvido com gestos bons. Como é possível caminhar o Brasil com tal abandono portuário? Naturalmente vai o governo falar na tal Operação Nordeste como salvação. Mas não convencerá. Para quem tem realmente as rédeas da administração, e quer trabalhar para o bem comum, não é preciso planos, operações, novos organismos com mais comissões e subcomissões. Não. Precisa é de ação. Menos passeios aéreos e mais ação. Quem tem o leme, manobra logo. O resto é cozinhação, protelação, camuflagem, incompetência.

IV

Capibaribe, Beberibe, dois rios que são um rio só, largo, misterioso, batido de luar. Sim, o luar escorre do céu na noite clara e fresca, bate nas pontes, ilumina o convite das raparigas que são muitas, que são centenas na ilha onde nasceu a cidade,

CENAS DA VIDA BRASILEIRA

raparigas que se escondem de dia no alto dos sobrados de imenso pé-direito, quando nos andares de baixo vive um outro comércio, e não sei se mais triste — a cobiça dos bancos de pesadas portas férreas, o afã das grandes firmas exportadoras e importadoras, que é açúcar que sai e bugigangas que entram.

Sim, o luar escorre, bate nos telhados patinados pelo tempo, bate nas igrejas antigas, algumas tão ricas, outras tão severas, e todas tão evocadoras, bate no teatro que é puro, lindo, cor-de-rosa, bate nos grandes edifícios que não deviam existir ali, que poderiam ser levantados mais adiante, em ponto que significasse orgulhoso e irrevogável progresso, mas que não modificasse o ar senhorial e apaixonante da cidade, reduzindo-a a uma cidade igual a qualquer outra.

Vou com o luar pelas ruas da madrugada, porque é de madrugada, no silêncio sem atropelos, que as cidades se desvendam aos visitantes que não amam o turismo. Vou pelas ruas tortas, pelos becos que o Rio de Janeiro já não tem, pelas travessas, pelos largos onde ainda há frontarias de azulejos, vou sob a ramaria dos jardins com tristes estátuas, transponho pontes, fico por instantes vendo a água correr, recebendo dela um sentimento de apaziguante esquecimento.

Vou, não tenho guia, e não me perco, como se pervagasse por um terreno familiar. Vou e me pergunto por que diabo um pernambucano sai do Recife, troca tanta nobre riqueza por duvidosas conquistas, tanta segura beleza pelo alvoroço do mundo.

V

Também de lua foi a noite passada na casa de Caio de Souza Leão, após algumas obrigações radiofônicas, atamancadas sabe Deus como. Houve uns pingos, que não fizeram ninguém se mexer do lugar, e estávamos derramados em cadeiras de descanso no gramado que os vizinhos podem espiar e escutar, o que obriga os convivas a um delicado autopoliciamento. Botei o nariz para o ar, ninguém dava importância. É uma nuvem, disse o dono da casa consultando o céu com autoridade. E a nuvem passou. Talvez não fosse mais do que uma advertência celeste a algumas vozes desafinadas que teimavam em entrar no coro, pois se cantava com o violão do Aloísio Magalhães, que chegara na véspera dos Estados Unidos, onde fora para uma exposição e para uns trabalhos gráficos e donde voltara noivo, decididamente noivo. E a cantaria prosseguiu, mistura de coisas do Sul com coisas do Norte, coisas belas de Capiba, que estava presente, protestando contra alguns acordes a ele atribuídos.

— Não é assim, Capiba?

— É mais ou menos.

Violonista e cantores não se sentiam diminuídos, e o frevo da grinalda de boninas era de espremer coração. E não apenas canções, tivemos a poesia de Carlos Pena Filho dita pelo próprio poeta, a história bem rimada e bem sustentada de uma torna-viagem no Capibaribe. E houve também, ou sempre, copo cheio e a animada conversa que daí resulta. Altamiro Cunha não aguentou o paletó e foi em casa se pôr à frescata. Alexandrino Rocha levou-o no seu automóvel, cujo roubo na semana passada foi acontecimento palpitante — também há transviados juvenis no velho Recife. Alexandrino nasceu engraçado, que é uma das graças que Deus esbanja entre os nordestinos. E por falar em graça, falemos de Ariano Suassuna que não estava presente, mas foi como se estivesse porque sabem bem imitá-lo, e os seus casos, na maioria acontecidos em Campina Grande, que se torna uma cidade mítica, são garantia da mais ampla hilaridade.

CENAS DA VIDA BRASILEIRA

Fernando Navarro tinha compromissos na madrugada. Darwin Brandão estava meio pregado da agitação do dia, não houve outra solução — agradecer ao dono da casa a comovente hospitalidade pernambucana e tocar para o hotel. Fui para a cama com o frevo da grinalda de boninas de Capiba. Capiba ficou.

VI

Gastão de Holanda vem me buscar para um passeio a Olinda, devidamente explicado e comentado. Admirava o escritor — fino, sensível, perfeito. Fiquei amigo do homem — simples, fraternal, sonhador, que conhecia de vozeirão ao telefone, pois certa vez que viera ao Rio, a serviço do banco onde trabalha, tivera a delicadeza de ligar para mim, infelizmente estava eu de saída da cidade e não foi possível um encontro. É alto, espadaúdo, levemente grisalho, apesar de ser moço, lembra um pouco o velho amigo Francisco Inácio Peixoto, de Cataguases, e isto é fator importante no mundo das minhas simpatias, semelhança que se acentua quando me diz, muito tranquilo, os filhos que tem.

— Sete?!

— Sete, Marques.

— Não... Temos um novo Chico Peixoto... Mas como é que você se arranja com uma tribo dessas?

— Arranjando... Papai teve vinte filhos...

— Bem, a coragem é hereditária...

E mais tarde conheceria o rancho todo, alegres crianças feitas na forma do pai, dando a impressão duma ninhada de gigantes. Mas agora nós estamos é no alto de Olinda e já havia visto o convento e a igreja de São Francisco, que mexem com a gente.

— É uma coisa engraçada — digo. — Ou melhor é um santo privilegiado este nosso S. Francisco. Não há igreja a ele dedicada que não seja do melhor no nosso passado colonial...

— Gostaria de conhecer a de Ouro Preto, pois a arte religiosa me fascina. E toda Ouro Preto, é lógico, como todas as outras cidades do ouro mineiro. Estou até armando uma viagem daqui a São Paulo de caminhão. Num desses caminhões cargueiros, cujo itinerário é uma aventura imensa e palpitante. Já estou até apalavrado com um chofer meu camarada.

— Estimo que saia vivo. Mas para se ir daqui a São Paulo, creio que não passará por Ouro Preto. O caminho é outro.

Ficamos em dúvida. Nada há de mais belo e perturbador do que uma dúvida ao cair da tarde, tendo Olinda como cenário.

VII

É ainda Gastão de Holanda quem me leva à sede de O Gráfico Amador, grupo interessado e restrito, na realidade restritíssimo e do qual é ele um dos mais destacados e entusiasmados componentes. O que devemos a este grupo de amadores não tem preço — algumas das edições mais belas que podemos orgulhosamente oferecer aos que exigem que o livro seja uma coisa graficamente digna e não a imundície que desgraçadamente publicamos.

É uma velha casa, de imensa simpatia, num bairro distante e silencioso, que lembra muito a nossa Tijuca antiga. Além das máquinas, na maioria manuais, e das boas mas ainda limitadas fontes de tipos, pois fonte de tipo custa caro e o grupo luta com as mil dificuldades que o país, com os seus admiráveis governos, impõe aos que procuram elevar o nível do nosso artesanato, funciona na velha casa o *atelier* de alguns dos artistas jovens e jovens arquitetos mais avançados do Recife. E nela mora e atua ainda, no sobrado, que tem muito de sótão parisiense, o Aloísio Magalhães, um parisiense de Pernambuco, e que é outra mola positiva de O Gráfico Amador. Se devemos a este jovem muitas das conquistas do grupo, mais certamente ficaremos a dever se for avante, como imaginamos que vá, a ideia de ampliar o que era estudo e amadorismo, aliás nada provincianos, transformando a editora de obras limitadas numa empresa comercial, numa grande editora que o Recife indesculpável e incompreensivelmente não possui, quando possui tudo que é preciso para tal existência, seja, um material humano de primeiríssima ordem.

E naquela noite exatamente se reunia o grupo para os primeiros movimentos em tal sentido. O entusiasmo com que Aloísio chegou do estrangeiro, onde foi especialmente tratar de tais assuntos, o livro que trouxe sobre Brasília, planejado em Filadélfia, na oficina célebre de Feldmann, faz com que mantenhamos a esperança de que em breves dias o capitalismo pernambucano virá ao encontro do sonho dos rapazes e possamos ter uma grande editora nortista, uma editora que, antes de tudo, atire no mercado livros cuja qualidade gráfica seja um exemplo para as outras editoras do país.

VIII

E na sede de O Gráfico Amador não apenas de assuntos gráficos se conversou naquela noite cortada de cachacinha, cortes de que infelizmente, segundo algumas opiniões, não podia participar. Não, não somente de assuntos gráficos se conversou. Nem seria possível, se estava presente Ariano Suassuna, com o seu ar de pícaro espanhol. Espichado na rede da varanda, na rede se manteve toda a noite, acavalando-a algumas vezes com as magras pernas de cegonha, e só dela saindo para imitar alguns dos seus personagens, cuja hilariante explicação exigia, como no teatro, não apenas palavras, mas gestos e atitudes.

— Havia um sujeito em Campina Grande...

E tivemos dezenas de casos, mistura superior de realidade e imaginação, e nenhum melhor que aquele do comerciante que gostava de caprichar nos embrulhos, e que, portanto, preferia deixar de vender a vender uma garrafa e dois cocos, porque uma garrafa e dois cocos não davam um bom embrulho.

Osman Lins também sabe histórias, Gastão de Holanda arrancou uma ou duas do seu saco, mas é Ariano quem tem a palma:

— A melhor que eu conheço em matéria de preguiça é uma que aconteceu em Campina Grande...

E temos vontade de ir imediatamente para Campina Grande, fonte de tanta malícia sertaneja, cidade cuja maior anedota é a estátua que levantou a um presidente que lhe prometeu água, estátua cujos canteiros que a cercam o povo rega, gaiatamente, com água mineral.

E temos vontade também que aquela noite se prolongue, que não tenhamos que deixar a bela companhia, que tanto nos alegra, que tanto nos comove, que traz a lembrança duma juventude perdida e sonhadora, que às vezes pensávamos que nem existia mais.

IX

O quarto, amplo e branco, com uma tranquilidade de casa de repouso, dá janelas para o rio em vazante, com o lodo aparecendo aqui e ali como chagas castanhas ao sol. A ponte já teve portas que a tolice pôs abaixo no princípio do século. O tanque da pracinha, visto de cima, tem estátua molhada e plantas boiando e à volta os camelôs praticam as suas mágicas com cobras e lagartos forçando a tampa das malas mais pobres e tristes que é possível imaginar.

E o que posso oferecer ao visitante é um banho de chuveiro, que o calor é imenso, e as frutas-de-conde que trouxe do mercadinho novo, que fica perto. Gastão de Holanda agradece, mas não aceita, e ficamos de conversa — o Campeonato Sul-Americano de Futebol ganhou mais dois excelentes comentaristas. Depois de futebol, que é assunto de momento, vem outro assunto, menos momentoso, mas muito mais afim e agradável — a literatura. Gastão expõe os seus planos, conta o enredo dum romance sobre a vida de um banqueiro, traça o panorama da gente nova do Recife. Faço o possível para explicar, sem enfadar, os propósitos que me animam na construção de um comprido romance, cuja ação fosse tão monótona quanto a nossa vida, e não sei se consegui, mas que diariamente persigo como se tal obra representasse a salvação do mundo.

A literatura é sempre caminho para conversas íntimas e, vai daí, Gastão me pergunta quem é esta tal dona Clementina, que tanto me perturba. Dou um suspiro. Gostaria de explicar, mas quanto mais falasse menos explicaria esta dama inexplicável.

— Meu amigo, eu tenho as maiores dificuldades em entendê-la. Tudo que dissesse seria vago e contraditório. Dona

Clementina não pertence a este mundo, pelo menos não se rege pela nossa mecânica, mesmo a mais louca que possamos adotar. Sua linguagem é um exemplo da misteriosa utilização das palavras. Para ela o dicionário não existe. Como posso explicá-la, se eu mesmo não a entendo? Creio que só mesmo quem conhece Astronomia tem coração para entender estrelas.

— Bonita?

— Feia! Na verdade a feia mais bonita que já vi.

X

A comida folclórica me atemoriza e decido por coisas corriqueiras e universais. Mas lagosta pernambucana não é nada folclórica, é sublimidade universalíssima e fica muito bem para começo de cardápio. Como fica ótimo o melão pernambucano para o fim, embora o meu parceiro de refeição principie o repasto com ele. E a gasosa de limão de Fratelli Vita é qualquer coisa de único, cristalino e refrescante, que é impossível substituir, como faz o meu amigo por um refresco de mangaba, mas o leitor sabe como é o gosto dos homens, vário e desvairado, como é vário e desvairado o gosto de dona Clementina, que só usa água para banho.

E depois do almoço, toca a rodar pela cidade, falando com um, falando com outro, e fulano rindo me conta o número de peixeiras que um delegado ranzinza tomou na entrada de um jogo de futebol — umas mil e oitocentas e tantas... E se o sociólogo sofre de cabeça erguida umas tantas restrições por parte da juventude, sempre iconoclasta, que se exorbita em piadas a seu respeito, por outro lado, e felizmente, tem uma falange de admiradores, fiéis e comprovados. E é um desses soldados

CENAS DA VIDA BRASILEIRA

de Apipucos que me pergunta, depois duma conversinha de três minutos contados pelo relógio da casa comercial:

— Já foi ver o Gilberto?

— Ainda não — respondo com sobriedade.

— Mas vai ver, não é?

— Não acredito. O tempo é escasso, Recife é grande e deliciosa, as solicitações são muitas... Tivesse mais tempo e, certamente, iria conhecer o famoso solar da inteligência, abeberar-me naquela fonte inesgotável. Aliás há muito tempo que não vejo o Gilberto. A última, creio que foi em Portugal, onde ele fora a convite e estava até de partida para uma importante viagem pelas colônias portuguesas, que deu margem a um substancioso volume.

— O mestre tem trabalhado muito. É incansável.

— Imagino. Viver da pena, como ele vive, é um milagre nestes brasis.

— Pois ele gostaria de vê-lo.

— Quem gostaria era eu. Mas eu sou assim. Imagina que quando fui a Roma, não vi o papa.

E, no outro dia, voava sem ter ido abraçar o caro Gilberto Freire.

(1959)

FLORIANÓPOLIS

I

A sombra da patriarcal figueira, que de tão velha já se apoia em muletas, também pode refrescar ideias e sentimentos. Nem tudo está morto dentro de nós. Ficaria aqui por muito tempo.

II

Depois dum curso de arte culinária no Senac (dois meses!) madame fazia tão extraordinárias maioneses de lagosta, que sentia-se na obrigação de firmá-las com as suas iniciais em gema de ovo.

III

Essa história de se dizer de hora em hora Deus melhora não merece muito crédito não. Há coisas que não melhoram nunca.

Mas Florianópolis melhorou nestes dois anos em que lá não ia, solicitado por outros quadrantes. Três pontos, pelo menos, marcam o seu progresso: a luz, o Hotel Lux (que é luz em latim) e o Museu de Arte Moderna, fundado por este seu criado em 1948, mas que só agora inaugurou a sede própria e condigna e não foi por outro motivo que me bati para lá.

A luz era uma vergonha! Quem perdesse uma abóbora no meio da rua, ficava sem ela. E como buraco na rua é uma coisa que acontece, até mesmo numa cidade que tem um dínamo como prefeito, como é o caso do Rio de Janeiro, os acidentes poderiam até ser fatais nas ruas de Florianópolis se o povo não fosse congenitamente esperto. E uma das suas espertezas era viver como uma nova espécie de vaga-lume. Só que os vaga-lumes verdadeiros usam a luz no rabinho e os florianopolitanos usavam a luzinha na mão — lanterninha de pilha, frequentemente fracativa — para poder acertar com o caminho de casa, porque afinal ir de noite dar uma olhada na praça é um vício que tem raízes extraordinárias e que não há de ser falta de luz que vá impedir.

CENAS DA VIDA BRASILEIRA 221

Agora tem luz decente, que permite a leitura, embora proíba o namoro. Mas como é preceito altamente moral esse de viver às claras, está tudo muito bem. E além de leitura e moral, o simpático habitante da ilha já se pode dar ao luxo sempre sonhado de ter rádio sem pilha, geladeira, batedeira, enceradeira e liquidificador, embora não haja muita fruta para liquefazer.

A outra melhoria é o Hotel Lux, que tem quartos de hotel, corredores de hotel, banheiros de hotel, porteiros de hotel, bar de hotel, assuntos bastante característicos mas que muito hotel não dispõe. E é, principalmente, um edifício em que o hóspede pode dormir sossegado, pois encimando os seus seis andares — que olham Florianópolis com uma superioridade de arranha-céu, que só reparte com o novo edifício do Ipase — há uma luz vermelha, vigilante como farol, que avisa os aviões noturnos da existência do colosso. Os aviões e possivelmente a Lua, que bem pode uma noite vir distraída pelas alturas.

Quanto ao Museu, que é a terceira melhoria, antes de mais nada é preciso dizer, foi ideia cá do degas, em 1948, quando foi a Santa Catarina a convite do amigo Armando Simone Pereira, que era secretário da Educação e que agora está dando um voltejo pela Europa, numa missão econômica.

Jorge Lacerda, que então não era nem deputado, foi quem convenceu Simone da utilidade da exposição e depois da do Museu — joguemos confete em todos que merecem. E conseguidas algumas doações, a maior delas feita pelo governador Adhemar de Barros, instalou-se temporariamente o Museu de Arte Moderna de Florianópolis, depois do competente decreto governamental, num vestíbulo do Grupo Escolar Modelo Dias Velho, cabendo à incansável diretora deste, dona Julieta Torres Gonçalves, a incumbência de zelar pelo patrimônio inicial, que

tem sido sempre engrossado por pessoas de boa vontade, desta-
cando-se entre elas o Adalberto Tolentino de Carvalho.

Naturalmente pessoas muito sábias achavam uma vergonha que numa escola para formação de catarinenses ilustres
as paredes estivessem envilecidas por tantos mostrengos e disparates e manifestavam o seu apoio à arte clássica, como assunto mentalmente saudável, embora que a rigor nas paredes
das suas residências não estivesse pendurada nenhuma peça
dessa natureza, nem de nenhuma outra natureza.

Em compensação, alguns desmiolados asseveravam que
bem mais deseducadores mostrengos e disparates eram o estilo da catedral de Florianópolis e as decorações do palácio do
governo. E entre esses dois interessantes pontos de vista, o
Museu foi se arrastando, até que na atual administração do sr.
Irineu Borhnausen foi dada a sede de que ele precisava, com as
condições mínimas de que necessita um pequeno museu e tudo
por obra e esforço do já deputado Jorge Lacerda, do secretário
da Educação, o prezado amigo João José de Souza Cabral, do
Sálvio de Oliveira, que é diretor do Museu e alto funcionário
da Educação estadual e ainda do boníssimo desembargador
Henrique da Silva Fontes, que encontrou, na Casa de Santa
Catarina, onde se abrigam também o Instituto Histórico, a
Comissão Catarinense de Folclore, a Associação de Jornalistas, etc., o lugar adequado para a permanência do Museu.

O ato de inauguração, com a presença das altas autoridades,
foi simples, florido e decente — houve apenas dois discursos
pequenos. Não houve coquetel, nem senhoras desvairadamente
elegantes. Se algumas das damas presentes também detestavam
a arte moderna, louvado seja Deus, que o fizeram com menos
alarido e sem nenhum adjetivo de admiração diante dos quadros como parece ser moda na praça do Rio de Janeiro.

IV

Foi a única queixa apresentada à polícia no último e entusiasmado carnaval — o homem estava muito bem no cordão pulando e cantando quando roubaram-lhe a dentadura.

V

Quando Jesus começou a ser maltratado — a fita tremia de doer os olhos! — muitas crianças do catecismo principiaram a manifestar crises de choro.

O padre alemão levantou-se e gritou:

— Calma! Calma!

A criançada compreendeu mal e estrugiu a salva de palmas.

VI

Acolho-me à sombra da árvore sem partido, agora que parou o vento de três dias neurastênicos.

Acodem-me duas ou três verdades, inúteis para os homens como todas as verdades.

(1952)

Este livro foi impresso nas oficinas da
DISTRIBUIDORA RECORD DE SERVIÇOS DE IMPRENSA S.A.
Rua Argentina, 171 – Rio de Janeiro, RJ
para a EDITORA JOSÉ OLYMPIO LTDA.
em julho de 2010

*

78º aniversário desta Casa de livros, fundada em 29.11.1931